Dedicatória:

Certa vez um amigo me disse que minha mente borbulhava ideias. Então dedico a todos os meus colegas de vendas, que sempre me ensinaram muito.

Desde os chefes arrogantes, até os parceiros de jornada e viagens intermináveis de carro. Cada conversa, cada venda perdida foi um aprendizado para mim, e eu agradeço a todos vocês que estiveram ao meu lado.

Vocês são a minha família de vendas, e eu nunca esquecerei as histórias engraçadas e os perrengues que passamos juntos. Eu prometo, um dia escreverei um livro contando tudo isso, para que possamos sempre rir juntos dessas lembranças.

Obrigado por me ensinar, me apoiar e me inspirar. Este livro é para vocês, meus amigos. Que continuemos juntos nessa jornada incansável, buscando sempre novas perspectivas e aprendizados.

André Luiz de Paula Magrini

O Manual Secreto das Vendas:

Estratégias e Técnicas Poderosas que escondem de você!

Por:

André Magrini

Prólogo

Dizem que há muito tempo, Francesco di Marco Datini, um mercador de Veneza muito antigo e próspero escreveu um livro chamado "O Manual Secreto das Vendas". Este livro continha as técnicas e estratégias mais bem guardadas do mundo e era considerado um tesouro para qualquer pessoa que quisesse se tornar um grande vendedor.

O livro teria passado de geração em geração, compartilhado apenas entre os mais próximos e confiáveis amigos do mercador, como Clara van den Eynde. Ele nunca foi publicado, mas permaneceu escondido em um cofre, esquecido, esperando pelo momento certo para ser descoberto.

Porém, em um dia qualquer, um homem comum teve a sorte de encontrar o cofre do antigo mercador de Veneza e descobrir esse guia. Inspirado por esta descoberta, ele partiu em uma jornada para desvendar os segredos da arte de vender e se tornar um vendedor de sucesso.

Ao longo de sua jornada, aquele homem comum, mediano em inteligência, aprendeu que a educação é como o metal bruto, áspero e sem forma, mas que a sabedoria em vendas é o ouro puro que é raro e valioso. Ele descobriu que a sabedoria viria da experiência, da empatia, da inteligência emocional e do aprendizado contínuo.

Assim como um alquimista transforma o metal bruto em ouro puro, o homem comum aprendeu a refinar suas técnicas e a transformá-las em uma arte valiosa. Ele descobriu que o segredo para o sucesso estava em aprender sempre e aplicar as técnicas e estratégias certas.

Este é o "Manual Secreto das Vendas", um guia que o ajudará a descobrir a verdadeira paixão em seu trabalho e a transformar sua educação em sabedoria.

Junto com o homem comum, você descobrirá que o segredo para o sucesso nas vendas está em aprender continuamente e aplicar os métodos e planejamentos certos. Com o conhecimento adequado e a prática constante, você também pode transformar seus sonhos em realidade e se tornar um dos melhores vendedores do mundo.

Introdução

Capítulo 1: Vendas, a Chave para o Sucesso de uma Empresa

- Vendas e sua importância
- O que é disrupção de vendas e por que é importante para as empresas
- Como a disrupção de vendas pode ajudar a impulsionar o crescimento do negócio
- Como dobrar suas vendas em menos de 12 meses: o segredo que escondem de você.

Capítulo 2: Natureza do Vendedor

- Nasce ou desenvolve-se Vendedor?
- Ferramenta de Teste de Personalidade
- Tecnologia e o Sucesso
- Como desenvolver suas habilidades de vendas

Capítulo 3: Como superar desafios de vendas

- Mantenha sua motivação e perseverança
- Aprenda com o fracasso e o erro
- Adaptabilidade

Capítulo 4: Como usar a sua criatividade para ser o "Cara" em vendas

- Incorporando técnicas criativas no seu dia a dia

- Usando a criatividade nas vendas
- Exemplos de pessoas super criativas do Brasil

Capítulo 5: Conhecendo seu público-alvo

- Clareza na definição do público-alvo: Como definir corretamente
- A importância de se entender as necessidades do público-alvo
- Segmentação do público-alvo
- Tudo que você precisa saber sobre criar "personas" para vender mais!
- Como acompanhar e medir a efetividade das ações de marketing e vendas voltadas para o público-alvo?
- Tendências e novidades em relação à identificação e análise do público-alvo
- Personalização de vendas: Como conhecer seu público-alvo para atingir o sucesso nas vendas
- Exemplo Prático

Capítulo 6: Os fatores psicológicos que influenciam a tomada de decisão do cliente

- O papel das emoções no processo de compra
- Entendendo as motivações e impulsos dos clientes
- O impacto do viés psicológico nos resultados de vendas
- Compreendendo o processo de tomada de decisão

Capítulo 7: Evangelização

- Evangelização e a Marca John Deere: Como a Empresa se Tornou um Verdadeiro Ícone Americano
- Apple e a Evangelização tecnológica
- A Relevância do Customer Success na Área de Vendas: Integrando com Marketing para Alcançar o Sucesso

Capítulo 8: Estratégia e Preparação para a venda

- Conhecer o seu produto é a chave
- Necessidades, objetivos e desafios do cliente
- Comunicação Efetiva: A Chave para uma Preparação de Vendas de Sucesso
- Preparação para a venda: Como se preparar para impressionar seu cliente desde a pesquisa até a apresentação persuasiva
- Exemplo de Sucesso: Indústria de Fertilizantes

Capítulo 9: Comunicação

- O poder da comunicação não verbal nas vendas
- Comunicando-se como um campeão
- Comunicação Intercultural

Capítulo 10: Ciclos de venda

- Ciclo de vendas tradicional
- Ciclo de vendas inbound
- Ciclo de vendas outbound
- Ciclo de vendas rápido
- Ciclo de vendas consultivo
- Ciclo de vendas complexo
- Ciclo de vendas longo
- Ciclo de vendas B2B2C
- Ciclo de vendas Saas

Capítulo 11: Estratégias de Prospecção de Clientes

- Prospecção com base em indicações
- Prospecção por Correio Direto
- Cold Calling
- Prospecção por Mídias Sociais
- Networking e Eventos

Capítulo 12: Gestão do Pipeline de Vendas

- Identificação de Leads Qualificados
- Colaboração entre Vendas e Marketing
- Definição do Processo de Vendas
- Gestão do Tempo
- Análise de Desempenho
- Uso de Ferramentas de Gerenciamento de Pipeline

Capítulo 13: Fechando a venda

- Fechar Vendas com Sucesso: Identificando os Sinais de Interesse do Cliente
- Foque no Objetivo
- Fechamento
- Negociação como um chef: a importância de ter as habilidades, os ingredientes e a receita certa

Capítulo 14: Técnicas de Fechamento de Vendas

- Técnica da Opção Limitada
- Técnica do Prazo
- Técnica da Reciprocidade
- Técnica da Empatia
- Técnica da Oferta Adicional
- Técnica do Teste de Fechamento
- Técnica do Resumo
- Técnica do Silêncio
- Técnica do "Por que não?"
- Técnica da Assunção
- Técnica da Recomendação

Capítulo 15: Enfrentando Objeções de Clientes

- Técnica da Escuta Ativa
- Técnica da Pergunta de Clarificação
- Técnica da Antecipação de Objeções

- Técnica da Demonstração do Valor
- Técnica da Prova Social
- Técnica da Compensação
- Técnica da Apresentação do Concorrente
- Técnica da Opção de Compra Alternativa
- Técnica da Demonstração de Produtos por tempo limitado

Capítulo 16: Lidando com rejeição e fracasso

- Positividade
- Aproveitando a Lição
- Pressão e o estresse
- Meu Segredo

Capítulo 17. Gerenciamento de Relacionamento com o Cliente: a Chave para o Sucesso a Longo Prazo

- Mantendo Contato com os Clientes Após a Venda: A Importância do Follow-up
- Fornecer Suporte Eficaz: A Chave para a Fidelidade do Cliente
- Como garantir a satisfação dos clientes: dicas para um CRM de sucesso
- Como manter seus clientes fiéis: dicas para uma fidelização de sucesso
- Como gerar novas oportunidades de vendas através do relacionamento com o cliente
- Investir em tecnologia de CRM
- Analytics e o universo de vendas

- Big Data e sua Relevância para Impulsionar Vendas

Capítulo 18: Desenvolvimento contínuo de suas habilidades de vendas

- 10 dicas para o Desenvolvimento Contínuo das Habilidades de Venda
- A importância da capacitação e educação em vendas consistentes
- Definindo metas e objetivos de vendas para o crescimento profissional
- Identificando e abordando áreas de fraqueza nas habilidades de vendas

- O valor de buscar feedback e críticas construtivas de colegas e clientes
- Desenvolvendo habilidades de comunicação e interpessoais fortes para relacionamentos de vendas bem-sucedidos
- Equilibrando o desenvolvimento de habilidades de vendas com estratégias de gerenciamento de tempo e priorização.

Conclusão

Anexos
Planilha de Planejamento

Introdução:

Bem-vindo ao livro **"O Manual Secreto das Vendas: Estratégias e Técnicas Poderosas que escondem de você!"** Este livro foi escrito para aqueles que desejam se tornar vendedores excepcionais e alcançar o sucesso em sua carreira. Aqui, você encontrará dicas, técnicas e estratégias para melhorar suas habilidades de vendas e alimentar a borbulha de ideias em sua mente.

Vender é uma arte, e como tal, requer habilidades específicas e técnicas para ser bem-sucedido. No entanto, muitas vezes, as pessoas têm medo de vender ou simplesmente não sabem como fazê-lo de maneira eficaz. É por isso que escrevemos este livro, para ajudá-lo a se tornar o melhor vendedor que você pode ser.

Neste livro, você aprenderá sobre a importância da criatividade e da preparação antes de fazer uma venda, bem como, como melhorar sua comunicação durante a venda e fechá-la com sucesso. Além disso, abordaremos a importância do gerenciamento de relacionamento com o cliente e do desenvolvimento contínuo de suas habilidades de vendas. Também discutiremos como lidar com a rejeição e o fracasso, que são uma realidade inerente ao trabalho de venda.

Não importa se você é iniciante ou já tem experiência em vendas, este livro é para você. Aqui, você encontrará informações valiosas para aprimorar suas habilidades e alcançar o sucesso em sua carreira comercial.

É uma jornada para descobrir sua criatividade e alimentar a borbulha de ideias em sua mente, transformando-o em um vendedor excepcional.

Nosso objetivo é fornecer a você ferramentas e estratégias que possam ser implementadas imediatamente, para que você possa alcançar resultados rápidos e significativos em sua carreira de vendas. Nós acreditamos que, com dedicação e persistência, você pode alcançar o sucesso em vendas e realizar seus sonhos. Além disso, acreditamos que a criatividade é uma das principais ferramentas para o sucesso em vendas, e que é possível alimentar a criatividade em sua mente para se tornar um vendedor excepcional.

Vamos começar esta jornada juntos, para que você possa transformar sua mente E sua carreira de vendas em uma borbulha de sucesso. Alimentar a sua criatividade é a chave para o sucesso e, com as estratégias e técnicas apresentadas neste livro, você estará preparado para alcançar seus objetivos e se tornar o melhor vendedor que pode ser.

O primeiro segredo: - Dedique-se a aprender e aprimorar suas habilidades de vendas e, com o tempo, você verá que suas vendas aumentaram na mesma proporção que você se desenvolve.

Estamos animados para acompanhá-lo nessa jornada e estamos confiantes de que, com dedicação e persistência, você poderá alcançar o sucesso e se tornar o melhor vendedor que pode ser.
Boa leitura!

Capítulo 1: O que é venda?

A venda é uma atividade fundamental para qualquer empresa que deseje crescer e alcançar sucesso. Sem vendas, não há lucro, sem lucro, não há empresa. No entanto, muitas vezes, as pessoas têm uma visão distorcida do que é venda e porque é importante.

De acordo com a Oxford English Dictionary, venda é definida como "a ação ou processo de vender algo". No entanto, a venda é muito mais do que isso. A venda é a arte de criar relacionamentos, solucionar problemas e fornecer soluções. É a capacidade de se comunicar eficazmente com os clientes, compreender suas necessidades e oferecer soluções que atendam a essas necessidades.

Quando você pensa em venda, você pode imaginar alguém tentando empurrar um produto para você. Mas na verdade, a venda bem-feita é muito mais do que isso. É sobre entender as necessidades do cliente e oferecer soluções que realmente possam ajudá-los. Isso significa que você precisa escutar atentamente o que eles estão dizendo e fazer perguntas para entender suas necessidades e desafios.

A venda também requer habilidades de comunicação e negociação. Você precisa ser capaz de se comunicar de maneira clara e eficaz, explicando por que o seu produto ou serviço é a melhor solução para o cliente. E quando chegar a hora de fechar a venda, você precisa ser capaz de negociar de maneira justa e eficaz, garantindo que ambas as partes saiam satisfeitas.

Mas acima de tudo, a venda é sobre criar relacionamentos duradouros com os clientes.

Se você conseguir atender às suas necessidades de maneira eficaz e construir um relacionamento de confiança, eles provavelmente voltarão a você no futuro quando precisarem de mais soluções.

É uma arte que requer habilidades interpessoais, solução de problemas e uma compreensão profunda dos produtos e serviços que você está vendendo. Se você conseguir criar relacionamentos duradouros com os clientes, oferecer soluções eficazes e se comunicar de maneira clara e eficaz, você terá sucesso na venda.

Infelizmente, muitas pessoas têm crenças equivocadas sobre venda. Muitos acreditam que venda é sinônimo de persuasão, manipulação ou até mesmo engano. Sabemos que isso não é verdade. Pode ser por causa de experiências ruins com vendedores insistentes ou por ouvir histórias sobre venda fraudulenta. Mas isso não é o que venda de verdade é.

Venda boa não é sobre convencer ou manipular as pessoas, mas sim entender o que elas precisam e oferecer soluções que realmente possam ajudá-las. É sobre criar relacionamentos confiáveis e duradouros com os clientes, baseados em transparência e honestidade.

Quando os vendedores se concentram em atender às necessidades dos clientes e oferecer soluções úteis, eles estão construindo relacionamentos positivos e confiáveis. Isso pode levar a vendas mais eficazes e a uma boa imagem da marca.

Mas se os vendedores se concentrarem em convencer ou manipular os clientes, eles correm o risco de prejudicar sua imagem e perder a confiança das pessoas. Além disso, essas práticas são geralmente ilegais e podem levar a problemas legais.

A venda é uma combinação de habilidades de comunicação, gerenciamento de relacionamento com o cliente e resolução de problemas. É importante entender que não é apenas sobre a venda de um produto ou serviço, mas sim sobre conexão, a construção de relacionamentos duradouros com os clientes e a resolução de seus problemas de maneira eficaz.

Mas como se tornar um vendedor excepcional? É preciso ter uma mentalidade positiva e uma atitude determinada. É preciso acreditar em si mesmo e nas soluções que você oferece. Além disso, é importante estar sempre atualizado e aprender continuamente, pois o mercado e as necessidades dos clientes estão sempre mudando.

Outra habilidade importante para o sucesso em vendas é a capacidade de ouvir ativamente. É preciso entender que a venda é sobre o cliente e não sobre você. Portanto, é importante prestar atenção às necessidades e desejos do cliente e, a partir daí, oferecer soluções que realmente atendam a essas necessidades.

É preciso ser capaz de se expressar de forma clara e objetiva, além de ser capaz de se adaptar a diferentes situações e tipos de clientes. É importante ser capaz de se comunicar tanto de forma verbal quanto não verbal, usando técnicas como a linguagem corporal e a expressão facial para transmitir sua mensagem de maneira clara e eficaz.

Outra habilidade importante é a capacidade de lidar com objecções. Ao longo da jornada de vendas, é comum ocorrerem objecções dos clientes, seja por preço, por falta de tempo ou por qualquer outra razão. É importante estar preparado para lidar com essas objecções e apresentar soluções que atendam às necessidades do cliente.

Postura profissional e ética também são essenciais. É preciso ser honesto e confiável, além de seguir as leis e regulamentos do setor. A ética e a integridade são valores fundamentais para o sucesso em vendas e para a construção de relacionamentos duradouros com os clientes.

Ser um vendedor excepcional requer muito mais do que apenas conhecimento sobre o produto ou serviço que você está vendendo.

É preciso ter uma mentalidade positiva, habilidades de comunicação e relacionamento eficazes, além de uma postura profissional e ética. Este livro irá explorar esses temas em profundidade e fornecer dicas, técnicas e estratégias para ajudá-lo a se tornar o melhor vendedor possível.

Vendas e sua importância

Venda é tão importante porque é a forma como as empresas ganham dinheiro. Sem vendas, as empresas não poderiam sobreviver e crescer. Venda é a forma como as empresas conseguem atrair novos clientes, expandir sua base de clientes e aumentar sua receita.

Ela ajuda a construir relacionamentos duradouros com os clientes. Quando os clientes têm uma boa experiência de venda, eles são mais propensos a se tornarem clientes fiéis e a recomendar a empresa para outras pessoas. Isso ajuda a construir uma base sólida de clientes e a criar uma imagem positiva da marca.

A importância da venda para o sucesso de uma empresa é enorme. Sem vendas, as empresas não teriam dinheiro para investir em novos produtos, serviços e tecnologias.

Além disso, sem vendas, as empresas não poderiam contratar funcionários, pagar suas contas ou se expandir. Venda é a coluna vertebral de qualquer negócio bem-sucedido e é crucial para o sucesso a longo prazo da empresa.

O que é disrupção de vendas e por que é importante para as empresas

Não há dúvida de que o mercado atual é altamente competitivo, e as empresas que não estão dispostas a inovar e adotar novas abordagens para vender seus produtos ou serviços estão fadadas a ficar para trás. É aqui que a disrupção de vendas pode fazer a diferença.

Ao contrário da venda tradicional, que se concentra em estratégias convencionais como marketing em massa e força de vendas agressiva, a disrupção de vendas busca adotar novas tecnologias e estratégias de marketing criativas que se diferenciam da concorrência. E isso pode trazer inúmeros benefícios para o seu negócio.

Uma das principais vantagens da disrupção de vendas é que ela permite que as empresas se concentrem nas necessidades e desejos dos clientes, criando produtos ou serviços que atendam a essas necessidades. Isso é um gatilho mental poderoso, pois quando o cliente se sente valorizado e percebe que a empresa está preocupada com suas necessidades, ele tende a se tornar mais leal e engajado com a marca.

Além disso, a disrupção de vendas pode permitir que as empresas alcancem novos mercados e aumentem sua base de clientes. Ao adotar novas tecnologias e modelos de negócios inovadores, as empresas podem criar oportunidades de vendas e alcançar novos públicos. E isso pode levar a um aumento significativo no faturamento e nos lucros.

Outro benefício da disrupção de vendas é que ela pode ajudar as empresas a se adaptarem a mudanças no mercado, como mudanças nas preferências dos consumidores, na tecnologia ou na concorrência. As empresas que adotam a disrupção de vendas estão sempre um passo à frente da concorrência, e isso é um gatilho mental poderoso para os consumidores, que tendem a se interessar por empresas inovadoras e visionárias.

Como a disrupção de vendas pode ajudar a impulsionar o crescimento do negócio

A disrupção de vendas é uma estratégia inovadora que pode ser uma excelente maneira de impulsionar o crescimento de um negócio.

Ao adotar uma abordagem disruptiva, uma empresa pode criar soluções inovadoras que atendam às necessidades específicas dos clientes, o que pode ser um grande gatilho emocional para gerar engajamento e lealdade à marca.

Ela é a ideia de que as empresas devem buscar soluções inovadoras e disruptivas que atendam às necessidades específicas dos clientes. Isso pode envolver a criação de produtos ou serviços que sejam radicalmente diferentes dos existentes no mercado, ou a implementação de novas estratégias de vendas que sejam muito diferentes das tradicionais.

Uma das emoções mais fortes que uma empresa pode evocar em seus clientes é a inovação. Quando um cliente percebe que uma empresa está oferecendo soluções inovadoras e disruptivas que atendem às suas necessidades específicas, ele tende a se tornar mais engajado com a marca. Ao adotar uma abordagem disruptiva de vendas, uma empresa pode criar soluções inovadoras que atendam às necessidades específicas dos clientes, o que pode gerar um grande impacto positivo nas vendas e na lealdade do cliente.

Outra emoção poderosa é a exclusividade. Quando um cliente percebe que uma empresa está oferecendo soluções exclusivas e diferenciadas, ele tende a se tornar mais leal e engajado com a marca. Ao adotar uma abordagem disruptiva de vendas, uma empresa pode criar soluções exclusivas e diferenciadas que atendam às necessidades específicas dos clientes, o que pode aumentar significativamente a probabilidade de fechar vendas e impulsionar o crescimento do negócio.

A disrupção de vendas também pode permitir que uma empresa alcance novos mercados e aumente sua base de clientes. Ao adotar uma abordagem disruptiva, a empresa pode criar oportunidades de vendas e alcançar novos públicos. E isso pode levar a um aumento significativo no faturamento e nos lucros.

Como dobrar suas vendas em menos de 12 meses: o segredo que escondem de você.

Você provavelmente já ouviu muitas vezes que "Vendas é um jogo de números". Apesar de ter suas limitações, há muito mérito neste provérbio. Vendas é um jogo de números porque envolve análise e uso de dados quantitativos para entender e melhorar o desempenho de vendas de uma empresa. Os profissionais precisam trabalhar com números, como metas, taxas de conversão, receita gerada, custos, lucro, entre outros indicadores importantes.

Além disso, elas também são influenciadas por fatores numéricos, como tamanho do mercado, número de concorrentes, preço de produtos ou serviços, entre outros. Portanto, compreender e interpretar os números é essencial para maximizar o sucesso nas vendas.

Usando um pouco de matemática básica, gostaria de mostrar como você pode dobrar suas vendas em menos de 12 meses, se estiver disposto a investir tempo e energia.

Existem 7 áreas de resultados principais para vendedores que determinam seu sucesso. Essas habilidades incluem:

- Criatividade
- Conhecimento do público-alvo
- Estratégia de Preparação
- Evangelização
- Estratégia de Prospecção
- Gestão do Pipeline
- Fechamento

Seus resultados de vendas serão um fator de todas essas habilidades juntas, representadas por esta fórmula:

$a \times b \times c \times d \times e \times f \times g$ = vendas atuais

Se você melhorou apenas 1% ao mês em cada área, isso resultará em uma melhoria de 11% em 11 meses (supondo que você tire um mês de férias a cada ano) e efetivamente dobrará seus resultados:

$1,11 \times 1,11 \times 1,11 \times 1,11 \times 1,11 \times 1,11 \times 1,11 = 2,22$ das vendas atuais!

A lição mais importante dessa fórmula é um princípio universal: melhorias pequenas e regulares ao longo de um período resultarão em um sucesso monumental. Estabeleça como meta para si mesmo melhorar continuamente cada uma das principais áreas de habilidade e observe suas vendas crescerem!

Neste livro, vamos te ajudar a melhorar em todas as sete áreas importantes. A lição mais importante desta fórmula é um princípio universal: pequenas e regulares melhorias ao longo do tempo resultarão em um sucesso monumental. Estabeleça como meta para si mesmo melhorar continuamente cada uma das sete principais áreas de habilidade e observe suas vendas crescerem!

Capítulo 2: O Vendedor

Ser profissional de vendas é desafiador, mas também é extremamente gratificante. Um vendedor é a pessoa que é responsável por auxiliar a empresa e seus clientes a fechar negócios. Ele precisa ter habilidades de comunicação, negociação e persuasão e, acima de tudo, precisa ser organizado e ter um bom planejamento.

Organização é fundamental para o sucesso de um vendedor. Ele precisa manter um registro de todas as suas atividades e garantir que esteja sempre preparado para apresentar seus produtos ou serviços de maneira clara e eficiente. Além disso, ele precisa ser capaz de se planejar e priorizar suas tarefas, garantindo que esteja sempre dando o máximo de si.

Os desafios de ser um vendedor são inúmeros. Ele precisa lidar com a rejeição constante, gerenciar seu tempo eficientemente e ser capaz de se adaptar a situações difíceis. Somado a isso, ele precisa estar sempre atualizado com as tendências do mercado e ser capaz de se adaptar a mudanças rápidas.

E para continuar o momento vem uma atitude chave, a motivação. Ela é uma das principais chaves para o sucesso de um vendedor. Ele precisa estar motivado, acreditar em seus produtos e serviços e ter paixão pelo que faz. Precisa manter uma mentalidade vencedora e estar sempre buscando novas maneiras de se manter inspirado.

A automotivação é fundamental para um vendedor bem-sucedido. Ele precisa ser capaz de se motivar a si mesmo, mesmo quando as coisas estiverem difíceis.

Isso inclui encontrar maneiras de se motivar, como estabelecer metas claras e recompensar-se pelos seus sucessos. Além disso, ele precisa estar sempre em busca de novas oportunidades de aprendizado e crescimento.

Finalmente, o êxito é a recompensa por todo o esforço e dedicação de um vendedor. É mais que necessário ter a capacidade de gerenciar a pressão e o estresse de forma saudável, aplicando técnicas de gerenciamento de stress, estabelecendo fronteiras claras e dando prioridade à sua saúde e bem-estar. Ademais, o vendedor precisa estar cercado por pessoas positivas e motivadoras e estar constantemente procurando maneiras de melhorar suas habilidades.
Imagine aquele amigo âncora que só te puxa para baixo, para que se amarrar a ele?

Nasce ou desenvolve-se Vendedor?

Essa é uma pergunta bastante controversa e tem sido debatida por muitos especialistas em vendas ao longo dos anos. De um lado, há quem acredite que algumas pessoas têm uma personalidade e habilidades naturais que as tornam mais propensas a serem bons vendedores. Por exemplo, uma pessoa extrovertida, com boas habilidades de comunicação e persuasão, pode ter uma vantagem natural na venda.

Por outro lado, há quem acredite que as habilidades de venda podem ser desenvolvidas com treinamento e prática.

Independentemente da personalidade inata, qualquer pessoa pode aprender técnicas de venda eficazes e melhorar suas habilidades de comunicação e persuasão. Adicionando, o vendedor poder fazer uso e ter o acesso a novas ferramentas e tecnologias, como o CRM, Salesforce, Tablets, e a inteligência artificial, aprimorando ainda mais as habilidades de venda.

"To Sell is Human: The Surprising Truth About Moving Others" é um livro escrito por Daniel H. Pink, que explora a arte e a ciência da persuasão e vendas.

O livro argumenta que, independentemente do trabalho que desempenhamos, todos nós precisamos persuadir, influenciar e motivar outras pessoas em algum momento, e que essa habilidade é crucial para o sucesso pessoal e profissional.
Também apresenta a ideia de que a venda não é mais limitada aos profissionais de vendas, mas é uma habilidade importante em todas as áreas da vida, desde o relacionamento pessoal ao ambiente de trabalho. Pink também destaca a importância da empatia, da escuta ativa e da compreensão das necessidades dos outros na arte da persuasão e da venda.

Ele também apresenta estratégias e técnicas para melhorar as habilidades de venda, incluindo a criação de relacionamentos fortes com os clientes, a identificação de necessidades e motivações subconscientes e a utilização de argumentos persuasivos.

"To Sell is Human" é uma leitura obrigatória para aqueles que procuram melhorar suas habilidades de persuasão e venda, bem como para aqueles que buscam compreender a importância da habilidade de influenciar e motivar outras pessoas em suas vidas profissionais e pessoais.

Em última análise, a verdade sobre essa questão provavelmente está em algum lugar no meio. Embora algumas pessoas possam ter uma vantagem natural, é provável que a maior parte do sucesso de um vendedor seja resultado de seu treinamento e dedicação. A combinação de uma personalidade propensa a vender com habilidades de venda aprimoradas através de treinamento e prática é provavelmente a fórmula para o sucesso na venda.

Ferramenta de Teste de Personalidade

O teste de personalidade de vendas é uma ferramenta valiosa para avaliar as habilidades e tendências de uma pessoa em relação à venda.

Ele ajuda a identificar se uma pessoa tem as características necessárias para ser bem-sucedida em vendas, bem como as áreas em que precisam melhorar.

Um dos principais benefícios do teste de personalidade de vendas é que ele ajuda a identificar as fortalezas e fraquezas de uma pessoa. Por exemplo, se uma pessoa tem uma personalidade mais extrovertida e é confortável com interações sociais, ela pode ter uma vantagem em vendas face a face. Por outro lado, se uma pessoa é mais introvertida e tem dificuldades em se comunicar, pode precisar trabalhar em suas habilidades de comunicação para ter sucesso em vendas.

O teste de personalidade de vendas também pode ajudar a identificar as motivações de uma pessoa. Por exemplo, algumas pessoas são motivadas por desafios e gostam de superar obstáculos, enquanto outras são motivadas por recompensas financeiras e materiais. Isso é importante porque a motivação é um fator-chave no sucesso de vendas. Se uma pessoa não está motivada, é menos provável que tenha sucesso em vendas.

Outro benefício importante do teste de personalidade de vendas é que ele pode ajudar a identificar se uma pessoa tem a mentalidade de vendas adequada. Por exemplo, algumas pessoas são muito empáticas e se preocupam com o bem-estar dos clientes, o que pode ser uma vantagem em vendas consultivas. Por outro lado, algumas pessoas são muito competitivas e se concentram em vencer, o que pode ser uma vantagem em vendas agressivas.

Fazer o teste de personalidade de vendas é uma ferramenta valiosa para avaliar as habilidades e tendências de uma pessoa em relação à venda.

Ele ajuda a identificar as fortalezas e fraquezas, as motivações e a mentalidade de vendas adequada, o que é importante para o sucesso de vendas. Se você está considerando entrar no mundo das vendas ou está procurando melhorar suas habilidades de vendas, é altamente recomendável realizar um teste de personalidade de vendas. Você vai se auto descobrir e achar o melhor nicho para trabalhar.

Tecnologia e o Sucesso

Ser um vendedor hoje em dia é bem diferente do que era há algumas décadas. Antigamente vendedor de enciclopédia batia de porta em porta. Hoje em dia, temos acesso a uma série de ferramentas tecnológicas que podem nos ajudar a ser mais eficientes e a alcançar mais sucesso. Algumas dessas ferramentas incluem o iPad, o Salesforce e a inteligência artificial.

O iPad, por exemplo, é uma ferramenta incrível para os vendedores. Ele é leve, fácil de transportar e permite que você tenha acesso a todas as informações importantes que precisa sobre seus clientes e prospectos. Além disso, você pode usar o iPad para realizar apresentações de produtos e serviços, o que é uma ótima maneira de se conectar com seus clientes e prospectos.

O Salesforce é outra ferramenta incrível para os vendedores. Ele permite que você gerencie seus leads, oportunidades e contatos de maneira eficiente e organizada. Além disso, o Salesforce fornece uma série de relatórios e análises que podem ajudá-lo a melhorar suas estratégias de vendas.

A inteligência artificial também está se tornando cada vez mais popular entre os vendedores. Ela permite que você automatize tarefas repetitivas, como a criação de relatórios e a análise de dados, o que lhe dá mais tempo para se concentrar em tarefas mais estratégicas e importantes. Além disso, a inteligência artificial pode ajudá-lo a identificar padrões e tendências em seus dados, o que pode ajudá-lo a tomar decisões mais informadas e a alcançar mais sucesso.

Mas isso é apenas o começo. Existem muitas outras tecnologias disponíveis que podem ajudar a melhorar suas habilidades de vendas e aumentar sua eficiência.

Por exemplo, aplicativos de gestão de vendas, como Pipedrive e Hubspot, podem ajudá-lo a organizar suas tarefas e acompanhar seu progresso. Além disso, a tecnologia de automação de marketing, como o Marketo, pode ajudá-lo a alcançar mais clientes potenciais e aumentar suas taxas de conversão.

Outras tecnologias incluem a realidade virtual e aumentada, que podem ser usadas para criar experiências imersivas para os clientes e ajudá-los a visualizar como seus produtos ou serviços podem ser úteis. E ainda, o uso de análise de dados pode ajudá-lo a identificar padrões e tendências em suas vendas, o que pode ser uma grande vantagem em relação aos concorrentes.

Enfim, as tecnologias disponíveis para os vendedores são praticamente infinitas e estão se desenvolvendo a cada dia. Esteja sempre atento e busque aprender sobre novas tecnologias, pois elas podem ser uma grande vantagem para o sucesso de suas vendas.

Como desenvolver suas habilidades de vendas

O desenvolvimento de suas habilidades de vendas é imprescindível para conquistar o sucesso na carreira.

É necessário procurar constantemente novas ideias e soluções para se diferenciar em meio à concorrência intensa. Aqui, vamos apresentar dicas e estratégias para ajudá-lo a aperfeiçoar suas habilidades de vendas e nutrir a fonte de ideias em sua mente.

A prática é crucial para o desenvolvimento de suas habilidades de vendas. Quanto mais você se esforça, mais seguro e eficaz se torna. É importante estar disposto a experimentar novas técnicas e estratégias e aprender com seus erros para continuar evoluindo. O autor Zig Ziglar afirma que "você só fracassa quando desiste" e essa mentalidade é crucial para o sucesso em vendas.

A exposição a novas perspectivas também é crucial para o desenvolvimento de suas habilidades de vendas.
Ler livros, assistir a palestras e participar de treinamentos são excelentes maneiras de ampliar seus conhecimentos e nutrir a fonte de ideias em sua mente. O autor e especialista em vendas, Brian Tracy, recomenda ler, pelo menos, uma hora por dia sobre vendas e desenvolvimento pessoal para mantê-lo atualizado e motivado.

A colaboração com outros profissionais de vendas também é importante. Trocar ideias e estratégias com colegas pode ajudá-lo a enxergar as coisas de maneira diferente e encontrar soluções criativas para desafios comuns. Além disso, é importante ter um mentor ou coach de vendas que possa guiá-lo e fornecer feedback valioso para ajudá-lo a evoluir.

Uma técnica de vendas eficaz é a técnica SPIN, desenvolvida pelo autor Neil Rackham. SPIN é uma sigla para Situação, Problema, Implicação e Necessidade. A técnica SPIN é uma abordagem estruturada para fazer perguntas aos clientes e entender suas necessidades reais. Ao utilizar essa técnica, você pode identificar as implicações do problema do cliente e apresentar soluções que atendam às suas necessidades de maneira eficiente.

Em síntese, existem muitas maneiras de desenvolver suas habilidades de vendas e nutrir a fonte de ideias em sua mente. A prática, a exposição a novas ideias, a colaboração com outros profissionais de vendas e a utilização de técnicas eficazes, como a técnica SPIN, são algumas das maneiras de alcançar o sucesso em vendas.

Além disso, é importante desenvolver suas habilidades de comunicação e construir relacionamentos sólidos com seus clientes. A boa comunicação e a capacidade de estabelecer relações fortes com os clientes são fundamentais para o sucesso em vendas. Para complementar, é necessário ter uma mentalidade positiva e confiante, para que você possa se comunicar e se relacionar de forma efetiva com os clientes.

Lembre-se de que a inovação e a criatividade são elementos-chave em vendas. Por isso, se faz relevante estar sempre em busca de novas ideias e soluções para se destacar e alcançar o sucesso na carreira. Mantenha a borbulha de ideias em sua mente e siga em frente com confiança, paixão e determinação pelo seu trabalho de vendedor.,

Ao seguir essas dicas e estratégias, você colocará no caminho certo para se tornar um vendedor de sucesso e alcançar seus objetivos na carreira.

Não se esqueça de que o desenvolvimento de suas habilidades de vendas é uma jornada contínua, e que é preciso estar sempre em busca de novas ideias e soluções para evoluir e se destacar em sua carreira. Mantenha-se motivado, concentrado e determinado, e você verá resultados incríveis em sua carreira de vendedor.

Ter uma postura proativa e estar sempre buscando novas oportunidades de vendas é vital para o sucessp. Mantenha-se informado sobre o mercado e as tendências da indústria, e esteja sempre disposto a aprender e se atualizar. Desenvolva habilidades de networking e crie relações de confiança com seus clientes e contatos de negócios.

Também é importante ter uma boa organização e planejamento. Tenha uma lista clara de metas e objetivos, e estabeleça um cronograma para alcançá-los. Mantenha uma boa documentação de suas vendas e seus contatos com clientes, e use ferramentas tecnológicas para automatizar suas tarefas e aprimorar sua eficiência.

Por fim, é importantíssimo que você aprecie o que faz e tenha paixão por vendas. Ter um propósito e uma paixão por sua carreira irá mantê-lo motivado e comprometido em atingir seus objetivos. Tenha uma postura positiva e confiante, e esteja sempre disposto a ajudar seus clientes e oferecer soluções que realmente atendam às suas necessidades.

Sendo assim, o desenvolvimento de suas habilidades de vendas é uma jornada contínua, e é preciso estar sempre em busca de novas ideias e soluções para se destacar em meio à concorrência. Seguir as dicas e estratégias mencionadas aqui, combinadas com paixão, determinação e uma mentalidade positiva, irá ajudá-lo a alcançar o sucesso em sua carreira de vendedor.

Capítulo 3: Como superar desafios de vendas

Vender não é uma tarefa fácil e, em algum momento, todos os profissionais de vendas passam por desafios e obstáculos. Porém, é importante saber como lidar com esses obstáculos e superá-los para atingir o sucesso em vendas. Neste capítulo, discutiremos como manter a motivação e perseverança durante esses momentos difíceis e como aprender com o fracasso e o erro para seguir em frente. Adicionalmente, apresentaremos exemplos inspiradores de pessoas que superaram desafios em suas carreiras de vendas.

Mantenha sua motivação e perseverança

Os momentos de fracasso e desafios são uma parte natural do processo de vendas, e é importante manter sua motivação e perseverança durante esses momentos. Aqui estão algumas dicas para mantê-lo motivado:

Mantenha seu objetivo em mente: Lembre-se do porquê você escolheu esta carreira e dos seus objetivos a longo prazo. Mantenha sua motivação concentrando-se no seu objetivo final.

Celebre suas conquistas: Comemore suas pequenas vitórias e conquistas ao longo do caminho. Isso lhe dará um impulso de energia para continuar se esforçando.

Encontre suporte: Converse com colegas, mentor ou amigos próximos para obter suporte e perspectiva durante momentos difíceis. Sabe o amigo ancora? Não precisa dele não.

Mantenha-se ocupado: Mantenha-se ocupado e envolvido em sua carreira, procurando novas oportunidades de vendas e aprendendo sempre mais sobre sua área.

Aprenda com o fracasso e o erro

O fracasso e o erro são parte do processo de vendas e podem ser oportunidades valiosas para aprender e evoluir. Aqui estão algumas dicas para aprender com o fracasso e o erro:

Analise o que deu errado: Analise o que não deu certo em sua venda e reflita sobre o que você poderia ter feito de forma diferente.

Peça feedback: Peça feedback a seus colegas, mentor ou supervisor para entender onde você precisa melhorar.

Encontre soluções: Encontre soluções para os problemas que surgiram e trabalhe para corrigi-los.

Não desista: Não desista e continue se esforçando para alcançar seus objetivos.

Aqui estão alguns exemplos inspiradores de pessoas que superaram desafios em suas carreiras de vendas:

J.K. Rowling: Antes de se tornar famosa por escrever a série de livros "Harry Potter", J.K. Rowling enfrentou muitos desafios e fracassos em sua carreira. Ela foi demitida de seu trabalho, passou por problemas financeiros e lutou com a depressão, mas nunca desistiu de seu sonho de escrever. Hoje, ela é uma das escritoras mais bem-sucedidas do mundo.

Luiza Helena Trajano - A fundadora da rede de lojas Magazine Luiza, Luiza Helena Trajano, superou vários desafios ao longo de sua carreira de vendas. Ela começou a trabalhar como vendedora aos 14 anos e, com muito esforço e dedicação, conseguiu transformar a pequena loja de sua família em uma das maiores redes de lojas do Brasil.

Steven Spielberg: Antes de se tornar um dos diretores de cinema mais bem-sucedidos de todos os tempos, Steven Spielberg enfrentou muitos obstáculos em sua carreira. Ele foi rejeitado de uma escola de cinema duas vezes antes de finalmente ser aceito e, mesmo depois disso, enfrentou muitos fracassos em seu trabalho. No entanto, ele nunca desistiu de seus sonhos e hoje é reconhecido como um dos maiores diretores da história.

Oprah Winfrey: Antes de se tornar uma das apresentadoras de televisão mais bem-sucedidas de todos os tempos, Oprah Winfrey enfrentou muitos desafios, incluindo abuso infantil, pobreza e discriminação racial. No entanto, ela nunca desistiu de seus sonhos e hoje é uma das mulheres mais influentes e bem-sucedidas do mundo.

Silvio Santos é um dos exemplos mais inspiradores de superação de desafios de vendas no Brasil. Ele começou sua carreira como vendedor ambulante e, ao longo do tempo, construiu um império de negócios que inclui a TV, o jornalismo, o entretenimento e o comércio. Mesmo diante de inúmeros obstáculos e desafios, Silvio Santos manteve sua motivação e perseverança, e hoje é reconhecido como uma das personalidades mais influentes e bem-sucedidas do Brasil.

Estes são apenas alguns exemplos de pessoas que superaram desafios em suas carreiras de vendas. Eles mostram que, mesmo diante de obstáculos, é possível alcançar o sucesso se você mantiver sua motivação e perseverança e aprender com o fracasso e o erro.

Lidar com desafios e superá-los é uma parte importante do processo de vendas. Mantenha sua motivação e perseverança, aprenda com o fracasso e o erro e se inspire por exemplos de pessoas que superaram obstáculos em suas carreiras.

Se você seguir essas dicas e estratégias, poderá superar qualquer desafio que surja em sua carreira de vendedor.

Adaptabilidade

Você já se pegou em uma situação de venda em que o cliente simplesmente não parece entender o que você está dizendo ou não está interessado em ouvir o que você tem a oferecer? Bem, isso acontece com todos nós, mas a verdade é que a maioria desses problemas pode ser resolvida com uma coisa: adaptabilidade.

Como vendedores, precisamos entender que cada cliente é único e tem suas próprias necessidades, desejos e preferências. Não adianta usarmos a mesma abordagem com todos, porque isso provavelmente não vai funcionar. É por isso que a adaptabilidade é tão importante. Precisamos ser capazes de nos ajustar a cada situação individual e a cada tipo de cliente.

Isso significa que você precisa ser capaz de se comunicar de forma clara e objetiva, mas também de se adaptar a diferentes personalidades, estilos de comunicação e formas de pensar. Se o seu cliente é uma pessoa mais formal, você precisa se comunicar de forma mais séria e profissional. Se o seu cliente é uma pessoa mais descontraída, você pode se comunicar de forma mais informal e pessoal. A chave é entender a personalidade do seu cliente e se adaptar a ela.

Estar preparado para lidar com diferentes situações e desafios é vital. Às vezes, você pode enfrentar objecções, perguntas difíceis ou situações inesperadas. Ter a habilidade de se adaptar a essas situações e oferecer soluções personalizadas e eficazes para cada cliente é fundamental para o sucesso em vendas.

Ao se adaptar a diferentes situações e tipos de clientes, você pode construir relacionamentos mais fortes e duradouros com seus clientes.

Eles vão se sentir ouvidos e compreendidos, o que aumentará a confiança e a credibilidade na sua marca. Além disso, ao se adaptar a cada situação individual, você pode oferecer soluções mais eficazes para os problemas do seu cliente, o que aumentará as chances de fechar a venda.

Mas como se desenvolver na habilidade de adaptabilidade? Aqui estão algumas dicas para começar:

Conheça seu cliente: Antes de mais nada, é importante que você conheça o seu cliente. Saiba quem é ele, o que ele procura e o que ele precisa. Quanto mais você souber sobre o seu cliente, mais fácil será se adaptar a ele.

Seja flexível: A adaptabilidade é a habilidade de se moldar a diferentes situações e pessoas. Portanto, é importante que você seja flexível e esteja disposto a se adaptar a diferentes situações e personalidades.

Aprenda a ouvir: A capacidade de ouvir ativamente é fundamental para a adaptabilidade. É importante que você esteja sempre prestando atenção às necessidades e desejos do seu cliente, a fim de poder oferecer soluções personalizadas e eficazes.

Mantenha-se aberto a novas ideias: É importante que você esteja sempre disposto a aprender e a experimentar novas coisas. Mantenha-se aberto a novas ideias e perspectivas, e esteja disposto a se adaptar a novas situações e desafios.

Pratique a empatia: A empatia é a habilidade de se colocar no lugar do outro. Ao praticar a empatia, você pode se conectar mais facilmente com o seu cliente e entender suas necessidades de forma mais clara.

Lembre-se, a adaptabilidade é uma habilidade que pode ser desenvolvida com o tempo e a prática. Mantenha-se aberto a novas ideias e perspectivas, e esteja sempre disposto a aprender e a experimentar novas coisas. Com o tempo, você poderá se tornar um vendedor mais adaptável e eficaz, capaz de construir relacionamentos mais fortes e duradouros com seus clientes.

Veja um exemplo prático:

Vendedor: Bom dia Sr. Comprador! Muito obrigado por me receber hoje.

Cliente: Olá, Bom dia Vendedor. Eu que agradeço sua visita em minha indústria alimentícia. Pedi para que viesse aqui pois estou procurando por equipamentos de manuseio de alta qualidade. Já fui muito prejudicado com equipamentos que não atendiam às minhas necessidades específicas, o pessoal do seu ramo industrial não quer mudar nada dos produtos, então estou um pouco desconfiado que você não possa me atender.

Vendedor: Entendo sua preocupação, Sr. Comprador. Eu sei que é importante encontrar equipamentos que atendam às suas necessidades específicas para garantir o sucesso de sua indústria alimentícia. Eu gostaria de lhe dizer que, apesar de ser verdade que não somos muito flexíveis em termos de customização, eu gostaria de ouvir mais sobre suas necessidades e ver como posso ajudá-lo.

Cliente: Bem, estou procurando equipamentos de manuseio alimentício que sejam fáceis de limpar e manterem, e que possam ser modulares e facilmente adaptados para atender às minhas especificações.

Vendedor: Entendi, Sr. Comprador. Eu posso lhe garantir que nossos equipamentos são feitos com materiais de alta qualidade e são projetados para ser fáceis de limpar e manter. E eu gostaria de lhe dizer que, apesar de não sermos muito flexíveis em termos de customização, eu posso verificar se podemos adaptar algum de nossos equipamentos para atender às suas necessidades específicas.

Cliente: Ah, já é um começo! Eu realmente aprecio você se dispondo a me ajudar.

Vendedor: É claro, Sr. Comprador. Eu quero garantir que você encontre os equipamentos certos para sua indústria alimentícia. Por que não conversamos mais sobre suas necessidades e vemos o que podemos fazer para ajudá-lo?

Cliente: Claro! Você é o primeiro que se dispôs pelo menos a ouvir minhas necessidades. Eu gostaria muito disso. Estou animado em saber que você está disposto a se adaptar às minhas necessidades. Acho que isso é algo que muitos vendedores não fazem hoje em dia. Preciso que você faça produtos modulares ao invés de estáticos. O que me diz?

Vendedor: Eu vou ser sincero, não posso te ajudar sem consultar minha indústria e o time de engenharia. Posso levantar todas as suas necessidades hoje e voltar com uma solução?

Cliente: Me parece razoável. Vamos lá.

Capítulo 4: Como usar a sua criatividade para ser o "Cara" em vendas

A criatividade é uma habilidade preciosa tanto em vendas quanto na vida pessoal. Nesse capítulo, vamos falar sobre como usar a sua criatividade para melhorar seu desempenho em ambas as áreas. A criatividade é uma habilidade que permite ao indivíduo pensar fora da caixa, encontrar soluções inovadoras e criativas para problemas e questões, e desenvolver sua imaginação e criatividade. Além disso, a criatividade também é uma habilidade importante para o sucesso profissional e pessoal.

Incorporando técnicas criativas no seu dia a dia

A criatividade pode ser aplicada em muitos aspectos da sua vida, desde resolvendo problemas no trabalho até lidando com questões pessoais. Aqui estão 3 dicas para incorporar a criatividade no seu dia a dia:

Desafie a si mesmo: Desafie a si mesmo a pensar fora da caixa e encontrar soluções criativas para questões comuns. Por exemplo, se você estiver enfrentando um problema no trabalho, pense em soluções criativas e inovadoras para resolvê-lo.

Faça atividades criativas: Participe de atividades criativas, como pintura ou escrita, para estimular sua imaginação. Além disso, experimente novos hobbies e atividades para expandir sua criatividade.

Mantenha a mente aberta: Mantenha a mente aberta a novas ideias e perspectivas, e esteja disposto a experimentar coisas novas.

Seja curioso e aberto a novas ideias e conceitos, e esteja disposto a explorar novas maneiras de pensar e resolver problemas.

Incorporar técnicas criativas no seu dia a dia pode melhorar significativamente tanto sua vida pessoal quanto profissional. A criatividade não se trata apenas de fazer arte ou criar ideias, mas sim de abordar problemas, situações e desafios com uma perspectiva diferente e encontrar novas soluções. Em um mundo rápido e altamente competitivo de hoje, ser criativo é mais importante do que nunca, especialmente para os vendedores que precisam se destacar e encontrar novas formas de se conectar com os clientes.

A venda é um campo exigente que requer constante adaptação e inovação. Para ter sucesso, os vendedores precisam pensar fora da caixa e encontrar novas formas de se envolver com seus clientes. Ao incorporar técnicas criativas em suas vidas diárias, os vendedores podem melhorar suas habilidades de comunicação, construir relacionamentos mais fortes com os clientes e, finalmente, fechar mais vendas.

Existem muitas técnicas criativas que os vendedores podem usar para melhorar seu desempenho. Aqui estão alguns exemplos:

Mapeamento mental: trata-se de uma ferramenta de pensamento visual que pode ajudar os vendedores a organizar seus pensamentos e ideias. Criando um mapa mental, os vendedores podem ver o panorama geral e identificar novas oportunidades de crescimento.

Jogar papéis: essa técnica envolve agir em diferentes cenários para se preparar para situações da vida real.

Os vendedores podem usar jogar papéis para praticar sua apresentação, construir sua confiança e aprimorar suas habilidades de comunicação.

Contar histórias: contar histórias é uma forma poderosa de se envolver com os clientes e construir relacionamentos. Os vendedores podem usar a narrativa de histórias para compartilhar suas experiências, criar conexões emocionais com seus clientes e, finalmente, fechar mais vendas.

Visualização: essa técnica envolve imaginar-se em um cenário específico e visualizar o resultado. Os vendedores podem usar a visualização para se preparar para reuniões importantes, apresentações e negociações e para construir sua confiança.

Tornar essas técnicas criativas rotina diária vai com certeza te ajudar a encontrar novas e inovadoras soluções para os desafios que enfrenta. Lembre-se, ao abraçar a criatividade, os vendedores podem se diferenciar de sua concorrência, construir relacionamentos mais fortes com seus clientes e, finalmente, aumentar seu sucesso.

Usando a criatividade nas vendas

A criatividade pode e deve definitivamente ser usada em vendas, encontrando soluções inovadoras e eficazes para atender às necessidades dos clientes. Aqui estão algumas dicas para usar a criatividade nas vendas:

Encontre maneiras criativas de apresentar seus produtos ou serviços aos clientes. Por exemplo, crie uma apresentação criativa com recursos visuais para mostrar como seus produtos ou serviços podem atender os anseios dos clientes.

Ofereça soluções personalizadas para atender os problemas específicos dos clientes.

Por exemplo, crie pacotes personalizados para atender às necessidades individuais de cada um deles.

Use tecnologias como recursos visuais, em apresentações de slides ou vídeos, para apresentar suas ideias de maneira criativa. Isso ajudará a chamar a atenção dos clientes e destacar suas soluções. O uso de realidade aumentada já é uma realidade!

Usar a criatividade nas vendas se tornou mais que vital no atual ambiente de negócios que é tão rápido e altamente competitivo. A criatividade não se trata apenas de criar ideias, mas também de abordar problemas e desafios de uma forma única e inovadora.
No campo das vendas, a criatividade pode ser a diferença entre fechar um negócio e perder uma oportunidade.

Para os vendedores, incorporar criatividade em sua estratégia de vendas pode ajudá-los a se destacar da concorrência, construir relacionamentos mais fortes com seus clientes e, finalmente, aumentar seu sucesso. Em um mundo onde os clientes são bombardeados com inúmeras propostas de vendas, ser criativo e encontrar novas formas de se conectar com eles vai fazer você se destacar na multidão.

Sabia que também existem muitas empresas que valorizam pessoas criativas e compreendem a importância de incorporar a criatividade em sua estratégia de vendas? Aqui estão alguns exemplos:

Apple Inc.: A Apple é conhecida por seus produtos inovadores e tecnologia de ponta. A empresa valoriza a criatividade e incentiva sua equipe de vendas a pensar fora da caixa e indicar ideias para se conectar com os clientes.

Zappos: A Zappos é uma varejista online que valoriza a criatividade e incentiva sua equipe de vendas a ser inovadora. A abordagem única da empresa ao atendimento ao cliente a tornou líder na indústria de varejo.

Tesla: A Tesla é uma empresa que está mudando a forma como as pessoas pensam sobre transporte. A empresa valoriza a criatividade e incentiva sua equipe de vendas a encontrar novas e inovadoras formas de se conectar com os clientes e promover seus produtos.

Trabalhar a criatividade nas vendas apresenta uma nova perspectiva ao processo de vendas e ajuda os vendedores a encontrar novas e inovadoras soluções para os desafios que enfrentam. Ao abraçar a criatividade, os vendedores se diferenciarem da concorrência, constroem relacionamentos mais fortes com os clientes e, finalmente, aumentam seu sucesso!

A capacidade de ser criativo é extremamente valiosa em diversos aspectos da vida, mas no que se refere às vendas, ela se torna ainda mais crucial. Ao imputar a criatividade no processo de vendas, os vendedores têm a oportunidade de se destacar da concorrência, trazendo soluções diferente que estabelecem relacionamentos mais sólidos com seus clientes e, em última análise, aumentam significativamente seu sucesso no mercado.

Sabemos que o ambiente de vendas é altamente competitivo e os clientes são constantemente bombardeados com mensagens de vendas. Email, WhatsApp, propaganda, direct etc. Portanto para se destacar, os vendedores precisam encontrar formas inovadoras de se conectar com seus clientes e oferecer soluções que realmente atendam às suas necessidades.

Ao incorporar a criatividade no processo de vendas, os vendedores podem encontrar novas perspectivas e soluções para os desafios enfrentados.

Existem muitas maneiras de incorporar a criatividade nas vendas. Por exemplo, os vendedores podem usar técnicas de storytelling para compartilhar suas experiências e criar conexões emocionais com seus clientes. Eles também podem usar a visualização para imaginar situações futuras e preparar-se para reuniões importantes, apresentações e negociações.

Quando os vendedores encontram formas inovadoras de se conectar com seus clientes e entender suas necessidades, eles são capazes de oferecer soluções mais relevantes e personalizadas. Isso pode resultar em relacionamentos mais fortes e mais vendas!

Em conclusão, incorporar a criatividade nas vendas pode trazer uma nova perspectiva ao processo de vendas e ajudar os vendedores a encontrar soluções inovadoras para os desafios que enfrentam.
Ao abraçar a criatividade, os vendedores podem se diferenciar da concorrência, construir relacionamentos mais fortes com os clientes e, finalmente, aumentar seu sucesso. Portanto, é importante que os vendedores encontrem formas de desenvolver e incorporar a criatividade em sua estratégia de vendas para alcançar o sucesso desejado.

Usando a criatividade na vida pessoal

A criatividade não só ajuda vender mais como também pode e deve ser usada na vida pessoal, encontrando soluções inovadoras e eficazes para questões pessoais.

Aqui estão algumas dicas para usar a criatividade na vida pessoal:

- Encontre soluções criativas para questões pessoais: Encontre maneiras criativas de resolver questões pessoais, como problemas financeiros ou relacionais. Por exemplo, você pode encontrar soluções criativas para problemas financeiros, como criar uma fonte de renda ou economizar dinheiro de maneiras inovadoras.

- Experimente coisas novas: Experimente coisas novas, como viagens ou hobbies, para estimular sua imaginação e encontrar soluções criativas para questões pessoais. Por exemplo, você pode experimentar uma nova atividade ou hobby para encontrar uma nova perspectiva e soluções inovadoras para questões pessoais.

- Participe de projetos pessoais: Participe de projetos pessoais que lhe permitam expressar sua criatividade e encontrar soluções inovadoras para questões pessoais. Por exemplo, você pode criar um projeto pessoal para ajudar a resolver um problema social ou ambiental que lhe interesse.

Exemplos de pessoas super criativas do Brasil

É notório que a criatividade é uma característica não só dos vendedores, mas das pessoas de sucesso. O famoso "Pensar fora da caixa" levou muita gente a sair de uma situação ruim para alcançar voos maiores.

Aqui estão alguns exemplos de pessoas super criativas do Brasil:

Marcelo Rosenbaum: Este designer de interiores é conhecido por sua criatividade e inovação em design de interiores. Ele é conhecido por criar soluções inovadoras e criativas para espaços pequenos e limitados.

Nizan Guanaes: Este empresário e publicitário é conhecido por sua criatividade e inovação no mercado publicitário brasileiro. Ele é o fundador da agência de publicidade ABC, que é conhecida por suas campanhas publicitárias criativas e impactantes.

Ziraldo: Este cartunista, escritor e ilustrador é conhecido por sua criatividade e inovação no mundo da arte e da literatura infantil no Brasil. Ele é autor de livros infantis populares, como "O Menino Maluquinho", que são conhecidos por sua criatividade e imaginação.

Essas são apenas algumas das muitas pessoas criativas e inovadoras do Brasil. Vale lembrar que a criatividade pode ser aplicada em muitos campos e indústrias, e pode ser encontrada em pessoas de todas as idades e backgrounds. O ponto é cultivar sua criatividade e usá-la para alcançar seus objetivos e realizar suas ambições.

Mapa para bombar sua criatividade

Aqui está um passo a passo para a impulsionar a criatividade de um vendedor:

- Identifique seu público-alvo

- Liste os produtos/serviços que você oferece

- Identifique os problemas que seus produtos/serviços podem resolver para seus clientes

- Brainstorm formas de aumentar o valor de seus produtos/serviços

- Pense em maneiras criativas de divulgar seus produtos/serviços para o público-alvo

- Liste as objeções comuns que seus clientes apresentam e pense em maneiras de superá-las

- Identifique seus concorrentes e pense em maneiras de se diferenciar deles

- Considere formas de personalizar sua abordagem de vendas para cada cliente

- Liste as metas de vendas de curto e longo prazo e pense em maneiras de alcançá-las

- Considere formas de manter seus clientes atuais satisfeitos e como você pode incentivá-los a indicar seus produtos/serviços para outras pessoas.

Vamos aqui colocar esses 10 passos como um vendedor de produtos veterinários:

1. Identifique seu público-alvo: Proprietários de animais de estimação, clínicas e hospitais veterinários.

2. Liste os produtos/serviços que você oferece: Produtos para saúde e cuidados com animais, incluindo medicamentos, suplementos, alimentos, produtos de higiene e cuidado pessoal.

3. Identifique os problemas que seus produtos/serviços podem resolver para seus clientes: Problemas de saúde, como doenças, alergias e problemas de pele, e problemas de comportamento, como ansiedade e agressão.

4. Brainstorm formas de aumentar o valor de seus produtos/serviços: Oferecer pacotes de produtos para cuidados completos, lançar novos produtos para atender a necessidades específicas, oferecer descontos para clientes regulares.

5. Pense em maneiras criativas de divulgar seus produtos/serviços para o público-alvo: Participar de eventos locais, anunciar em redes sociais direcionadas a proprietários de animais, distribuir panfletos em clínicas e hospitais veterinários.

6. Liste as objeções comuns que seus clientes apresentam e pense em maneiras de superá-las: Preço alto, preocupações com a segurança do produto, dúvidas sobre a eficácia do produto. Você pode superar essas objeções explicando a qualidade dos produtos, oferecendo amostras grátis e oferecendo garantias de satisfação.

7. Identifique seus concorrentes e pense em maneiras de se diferenciar deles: Ofereça uma gama mais ampla de produtos, serviços de entrega em domicílio, atendimento ao cliente personalizado.

8. Considere formas de personalizar sua abordagem de vendas para cada cliente: Fique atento às necessidades e preferências individuais de cada cliente, ofereça recomendações personalizadas de produtos e serviços.

9. Liste as metas de vendas de curto e longo prazo e pense em maneiras de alcançá-las: Estabeleça metas de vendas específicas e crie um plano de vendas, faça parcerias com outras empresas que atendam a animais de estimação.

10. Considere formas de manter seus clientes atuais satisfeitos e como você pode incentivá-los a indicar seus produtos/serviços para outras pessoas: Ofereça descontos e promoções exclusivas para clientes regulares, peça feedback para melhorar seus produtos/serviços, crie um programa de indicação para incentivar seus clientes a indicarem seus produtos/serviços para amigos e familiares.

Capítulo 5: Conhecendo seu público-alvo

O público-alvo é um grupo de pessoas que compartilham características semelhantes e que representam o perfil ideal de cliente para um produto ou serviço. É composto por indivíduos que têm necessidades, desejos e comportamentos semelhantes e que, portanto, têm maior probabilidade de se interessar pelo que uma empresa oferece.

Definir o público-alvo é fundamental para o sucesso de uma empresa ou produto, pois permite que a organização concentre seus esforços de marketing e comunicação em um grupo específico de consumidores que tenham maior potencial de compra e lealdade. Ao conhecer o público-alvo, é possível desenvolver estratégias de marketing e comunicação mais eficazes, que falem diretamente com esses consumidores e atendam suas necessidades.

Além disso, a definição do público-alvo também ajuda as empresas a se diferenciarem da concorrência. Quando uma empresa entende o perfil dos seus clientes ideais, pode criar produtos e serviços personalizados que atendam às suas necessidades específicas. Isso permite que a empresa se destaque no mercado e ganhe uma vantagem competitiva.

Outro benefício de definir o público-alvo é a possibilidade de identificar novas oportunidades de mercado. Ao analisar as características e necessidades do público-alvo, a empresa pode encontrar lacunas e nichos não atendidos pelo mercado, permitindo que ela desenvolva novos produtos ou serviços para atender a essas necessidades.

Como vendedor, você sabe que atingir o público certo com a mensagem certa é crucial para o sucesso.

Não sei se é seu caso, mas geralmente o seu time de marketing trabalha duro para determinar exatamente quem é o seu público-alvo.

Clareza na definição do público-alvo: Como definir corretamente

Ao se iniciar um negócio ou um novo projeto, a definição do público-alvo é um dos aspectos mais importantes para o sucesso. Entender quem são as pessoas que se deseja atingir é fundamental para criar uma estratégia de marketing eficiente e direcionada.

O público-alvo é um grupo de pessoas que compartilham características semelhantes, como interesses, necessidades e comportamentos de consumo. Eles são o centro das estratégias de marketing, pois, ao conhecê-los bem, é possível criar um relacionamento de confiança e oferecer soluções que realmente atendam às suas necessidades.

A definição do público-alvo começa com a análise do mercado em que a empresa atua. É preciso entender quem são os consumidores que já compram produtos ou serviços semelhantes aos oferecidos pela empresa e quais são suas principais características. A partir dessas informações, é possível criar uma persona, que é uma representação fictícia do consumidor ideal da empresa.

Para definir a persona corretamente, é necessário coletar informações sobre o público-alvo. Essas informações podem ser obtidas por meio de pesquisas de mercado, entrevistas com clientes, análise de concorrência, entre outros métodos.

Ao definir a persona, é importante que ela seja o mais realista possível e que leve em conta todos os aspectos relevantes para o negócio. Alguns dos principais pontos a serem considerados são:

- Idade
- Sexo
- Estado civil
- Profissão
- Renda
- Nível de escolaridade
- Hábitos de consumo
- Necessidades
- Desejos

Com a definição da persona, é possível criar uma estratégia de marketing que seja direcionada e eficiente. O objetivo é oferecer produtos e serviços que atendam às necessidades e desejos da persona, criando um relacionamento de confiança e fidelidade.

Uma das principais vantagens de se definir corretamente o público-alvo é a economia de recursos. Ao se conhecer bem o público-alvo, é possível evitar gastos com ações de marketing que não são eficientes ou que não atingem o público desejado.

A definição do público-alvo ajuda a criar um posicionamento mais claro da marca. A empresa pode se posicionar como especialista em atender as necessidades e desejos da persona, o que ajuda a criar uma imagem mais sólida e confiável.

A importância de se entender as necessidades do público-alvo

Entender as necessidades do seu público-alvo é essencial para o sucesso de qualquer negócio ou empreendimento.

Afinal, sem um conhecimento profundo do seu público, é difícil criar e oferecer produtos ou serviços que atendam às suas necessidades e desejos.

Mas o que são as necessidades do público-alvo? Basicamente, são as coisas que eles precisam ou desejam em relação ao seu produto ou serviço. Para identificá-las, é necessário analisar uma série de fatores, como características demográficas, comportamentos de compra e expectativas de consumo.

A partir dessa análise, é possível criar soluções específicas e personalizadas que realmente atendam às necessidades do público-alvo. Essas soluções podem incluir desde a oferta de produtos ou serviços mais acessíveis e com melhor custo-benefício até o desenvolvimento de uma estratégia de marketing mais eficaz.

Por exemplo, imagine uma empresa que produz roupas femininas e descobre que seu público-alvo é formado principalmente por mulheres entre 20 e 35 anos, com um estilo de vida agitado e que valorizam praticidade e conforto. Com essas informações, a empresa pode criar peças de roupas mais funcionais, que se adequem ao dia a dia dessas mulheres, e adotar uma estratégia de marketing mais voltada para a praticidade e o conforto.

Por outro lado, ignorar as necessidades do público-alvo pode resultar em prejuízos e perda de clientes. Se uma empresa produzir produtos ou serviços que não atendem às expectativas e necessidades dos consumidores, é provável que eles procurem alternativas no mercado.

Conhecer as necessidades do público-alvo também pode ajudar a identificar oportunidades de mercado. Quando uma empresa entende as necessidades e desejos do seu público, ela pode inovar e criar soluções que atendam a essas demandas.

Isso pode levar a uma maior fidelização de clientes e ao crescimento do negócio.

Sendo assim, entender as necessidades do público-alvo também pode ajudar a construir uma imagem positiva da marca. Quando os consumidores percebem que uma empresa se preocupa com suas necessidades e está disposta a oferecer soluções personalizadas, eles tendem a se sentir mais valorizados e engajados com a marca.

Segmentação do público-alvo

Definir o público-alvo é essencial para o sucesso de qualquer empresa ou organização, pois ajuda a direcionar os esforços de marketing e vendas de forma mais eficaz. No entanto, simplesmente definir o público-alvo não é suficiente para garantir o sucesso. É necessário segmentá-lo de maneira adequada para criar campanhas de marketing altamente direcionadas e personalizadas.

A segmentação do público-alvo é o processo de dividir o público-alvo em grupos menores e mais específicos com características e necessidades semelhantes. Essa estratégia permite que as empresas criem campanhas de marketing altamente direcionadas e personalizadas, que aumentam as chances de conversão e fidelização de clientes.

Existem diversas maneiras de segmentar o público-alvo. Alguns exemplos incluem:

Demográfica: baseada em informações como idade, sexo, renda, escolaridade e estado civil.

Geográfica: baseada em localização geográfica, como cidade, estado ou país.

Comportamental: baseada em como o cliente se comporta em relação ao produto ou serviço, como frequência de compra, lealdade e uso.

Psicográfica: baseada em fatores psicológicos, como personalidade, estilo de vida e valores.

Ao segmentar o público-alvo, as empresas podem criar campanhas de marketing que sejam relevantes para cada grupo específico, criando um engajamento mais forte com os clientes e, consequentemente, aumentando as chances de conversão.

Por exemplo, uma empresa que vende produtos para cabelos pode segmentar seu público-alvo com base em diferentes tipos de cabelo, como cabelos cacheados, cabelos lisos ou cabelos danificados. Com base nessas informações, a empresa pode criar campanhas de marketing específicas para cada segmento, com mensagens direcionadas e imagens apropriadas. Isso aumentará a relevância da campanha para o cliente e, consequentemente, as chances de conversão.

A segmentação do público-alvo também pode ajudar a empresa a economizar dinheiro em publicidade e marketing, pois evita que campanhas sejam direcionadas para pessoas que não têm interesse no produto ou serviço oferecido. Além disso, a segmentação pode ajudar a empresa a identificar novas oportunidades de mercado e a adaptar seus produtos ou serviços para atender a diferentes segmentos.

Nos negócios, é fundamental entender quem é seu público-alvo e como abordá-lo de forma eficaz. Para conseguir isso, muitas empresas recorrem à criação de personas que representam o público-alvo. As personas são personagens fictícios que representam as características, necessidades e desejos do público-alvo de uma empresa.

Exploraremos a importância de criar personas para representar o público-alvo e como isso pode ajudar a personalizar a abordagem de vendas e comunicação.

Tudo que você precisa saber sobre criar "personas" para vender mais!

As personas são personagens fictícios que representam o público-alvo de uma empresa. Elas são criadas a partir de uma análise detalhada do público-alvo, incluindo dados demográficos, comportamentos e preferências. As personas são criadas para ajudar as empresas a entender melhor quem são seus clientes, quais são seus problemas, desejos e necessidades, e como eles tomam decisões de compra.

Por que criar personas é importante?

Criar personas é uma etapa importante no processo de identificar e entender o público-alvo de uma empresa. Aqui estão alguns motivos pelos quais criar personas é importante:

Compreender o público-alvo de forma mais profunda: Ao criar personas, as empresas podem entender melhor quem são seus clientes e quais são suas necessidades e desejos. Isso ajuda a personalizar a abordagem de vendas e comunicação, bem como a desenvolver produtos e serviços que atendam às necessidades específicas do público-alvo.

Personalizar a abordagem de vendas e comunicação: Com personas bem definidas, as empresas podem personalizar a abordagem de vendas e comunicação para atender às necessidades e preferências do público-alvo. Isso inclui ajustar a linguagem, a tonalidade, o estilo e os canais de comunicação utilizados para se conectar com os clientes.

Identificar oportunidades de mercado: Ao criar personas, as empresas podem identificar oportunidades de mercado que possam estar sendo negligenciadas.

Por exemplo, se uma empresa descobre que há muitos clientes potenciais com uma necessidade específica que não está sendo atendida, ela pode criar um produto ou serviço para atender a essa necessidade.

Aprimorar a experiência do cliente: Ao entender melhor as necessidades e desejos do público-alvo, as empresas podem melhorar a experiência do cliente.

Isso pode incluir ajustes em processos de atendimento ao cliente, suporte pós-venda e até mesmo o design de produtos e serviços para atender às necessidades dos clientes.

Como criar personas?

Para criar personas eficazes, as empresas devem realizar pesquisas detalhadas sobre o público-alvo. Isso pode incluir pesquisas de mercado, entrevistas com clientes, análise de dados de comportamento do consumidor e outros métodos de pesquisa.

Aqui estão algumas etapas básicas para criar personas:

Identificar dados demográficos: Comece coletando informações demográficas sobre o público-alvo, como idade, gênero, localização, estado civil, formação educacional e renda.

Coletar informações comportamentais: Além de dados demográficos, é importante coletar informações comportamentais, como hábitos de compra, interesses, desejos, preocupações e necessidades.

Agrupar as informações: Uma vez que as informações foram coletadas, agrupe-as em categorias e organize-as de forma lógica para identificar padrões e tendências que possam ser usados para criar as personas.

Criar perfis de persona: Com base nas informações coletadas, crie perfis de persona que representem o público-alvo da empresa. Cada persona deve incluir informações como nome, idade, trabalho, hobbies, desejos, necessidades, problemas, objeções e comportamentos.

Validar as personas: Por fim, é importante validar as personas por meio de pesquisas e feedback dos clientes para garantir que elas sejam precisas e representem adequadamente o público-alvo da empresa.

Como acompanhar e medir a efetividade das ações de marketing e vendas voltadas para o público-alvo?

Quando se trata de marketing e vendas, é fundamental saber como avaliar a eficácia das ações voltadas para o público-alvo. Afinal, só dessa forma é possível identificar quais estratégias estão funcionando e quais precisam ser aprimoradas ou descartadas. Vamos explorar algumas maneiras de acompanhar e medir a efetividade das ações de marketing e vendas voltadas para o público-alvo.

Definir objetivos claros e mensuráveis

Antes de começar qualquer ação de marketing ou vendas, é importante definir objetivos claros e mensuráveis. Isso permite avaliar se a ação foi bem-sucedida ou não e identificar oportunidades de melhoria. Alguns exemplos de objetivos mensuráveis incluem aumentar as vendas em X%, aumentar o número de leads em Y% ou aumentar o tráfego do site em Z%.

Utilizar métricas relevantes

Para medir a efetividade das ações de marketing e vendas, é preciso utilizar métricas relevantes para o seu negócio e para os objetivos definidos. Algumas métricas comuns incluem taxa de conversão, taxa de abertura de e-mails, taxa de cliques em anúncios, tempo de permanência no site, entre outras. É importante escolher as métricas certas para avaliar se a ação está alcançando os objetivos definidos.

Utilizar ferramentas de análise de dados

As ferramentas de análise de dados são essenciais para acompanhar e medir a efetividade das ações de marketing e vendas. Elas permitem coletar e analisar dados de forma rápida e eficiente, identificar tendências e fazer ajustes nas estratégias quando necessário. Algumas ferramentas comuns incluem o Google Analytics, o SEMrush, o HubSpot e o Hootsuite.
Realizar testes A/B

Os testes A/B são uma forma eficaz de avaliar a efetividade das ações de marketing e vendas. Eles permitem testar diferentes versões de uma campanha ou página de destino para identificar qual delas gera melhores resultados. Por exemplo, é possível testar duas versões de um anúncio, com diferentes imagens ou textos, para identificar qual gera mais cliques.

Avaliar o retorno sobre o investimento (ROI)

O retorno sobre o investimento (ROI) é uma métrica fundamental para avaliar a efetividade das ações de marketing e vendas. Ele permite avaliar se o investimento feito na campanha gerou um retorno positivo ou negativo.

Para calcular o ROI, é preciso subtrair o investimento realizado no marketing ou vendas do lucro obtido com as vendas geradas por essa ação.

Realizar pesquisas de satisfação

Realizar pesquisas de satisfação é uma forma eficaz de avaliar a efetividade das ações de marketing e vendas. As pesquisas permitem coletar feedback dos clientes, entender suas necessidades e identificar oportunidades de melhoria. Isso é essencial para garantir que as ações estejam alinhadas com as expectativas do público-alvo

Tendências e novidades em relação à identificação e análise do público-alvo

A identificação e análise do público-alvo é um processo fundamental para qualquer empresa que queira ter sucesso no mercado atual. Saber quem é o seu público-alvo, suas necessidades, desejos e comportamentos de consumo é fundamental para criar estratégias efetivas de marketing e vendas.
 E, com o avanço das tecnologias de análise de dados e inteligência artificial, esse processo se tornou mais preciso e eficiente do que nunca. Vamos explorar as tendências e novidades em relação à identificação e análise do público-alvo, com foco na utilização de tecnologias de análise de dados e inteligência artificial.

Análise de dados em tempo real

Uma das principais tendências em relação à identificação e análise do público-alvo é a análise de dados em tempo real. Com as ferramentas certas, é possível coletar e analisar dados em tempo real para identificar tendências e padrões de comportamento do consumidor.

Isso permite que as empresas façam ajustes rápidos nas suas estratégias de marketing e vendas, para aproveitar oportunidades e minimizar riscos.

Inteligência artificial machine learning

Outra tendência importante é a utilização de tecnologias de inteligência artificial e machine learning para a identificação e análise do público-alvo. Essas tecnologias permitem que as empresas coletem, processem e analisem grandes quantidades de dados de forma rápida e eficiente. Além disso, a inteligência artificial e o machine learning permitem que as empresas identifiquem padrões e tendências que seriam difíceis de detectar por meio de análise manual.

Personalização em tempo real

Com a análise de dados em tempo real e a inteligência artificial, as empresas podem personalizar a comunicação e as ofertas em tempo real para atender às necessidades e desejos do público-alvo. Por exemplo, é possível enviar uma oferta personalizada para um cliente com base no seu histórico de compras e comportamento de navegação. Isso aumenta as chances de conversão e fidelização do cliente.

Análise preditiva

A análise preditiva é outra tendência importante em relação à identificação e análise do público-alvo. Ela permite que as empresas usem dados históricos e atuais para prever o comportamento do consumidor e identificar oportunidades futuras de negócio. Por exemplo, é possível prever quais produtos serão mais procurados em uma determinada época do ano e ajustar a produção e o marketing em conformidade.

Utilização de chatbots e assistentes virtuais

Os chatbots e assistentes virtuais são outras tendências importantes em relação à identificação e análise do público-alvo. Eles permitem que as empresas interajam com os clientes de forma personalizada e eficiente, oferecendo suporte e informações de acordo com as necessidades do cliente. Além disso, a inteligência artificial e o machine learning permitem que os chatbots e assistentes virtuais aprendam com as interações com os clientes e ofereçam sugestões e ofertas personalizadas.

Análise de sentimentos

Por fim, a análise de sentimentos é outra tendência importante em relação à identificação e análise do público-alvo. Ela permite que as empresas analisem as emoções e opiniões dos clientes em relação à marca e aos produtos/serviços. Isso pode ser feito por meio de análise de dados de mídias sociais, análise de e-mails e outros tipos de interações com o cliente. Com a análise de sentimentos, as empresas podem identificar problemas e oportunidades de melhoria na experiência do cliente, bem como entender melhor as percepções e expectativas do público-alvo em relação à marca.

Personalização de vendas: Como conhecer seu público-alvo para atingir o sucesso nas vendas

Pós caminharmos por esse capítulo tão importante, temos aqui está o caminho que eles percorrem e como você pode usar essa informação para vender mais.

Análise de dados demográficos: O time de marketing coleta e analisa informações demográficas sobre seu público-alvo, como idade, gênero, localização geográfica, renda, educação etc.

Essas informações ajudam a identificar padrões e tendências que possam afetar as decisões de compra.

Conheça seus clientes atuais: O time de marketing também estuda seus clientes atuais para entender melhor seus comportamentos de compra e motivações. Isso inclui conversas com os clientes, análise de dados de vendas e pesquisas de satisfação do cliente.

Utilize pesquisas de mercado: O time de marketing também realiza pesquisas online ou questionários para entender ainda mais seu público-alvo. Eles perguntam sobre as necessidades, desejos e motivações dos clientes potenciais.

Análise de mídias sociais: O time de marketing monitora as mídias sociais para entender o que os clientes estão dizendo sobre seu negócio e concorrentes. Isso ajuda a identificar tendências e insights importantes sobre seu público-alvo.

Análise da concorrência: O time de marketing também estuda a concorrência para entender quem são os seus clientes e identificar oportunidades de mercado.

Com essas informações em mãos, o time de marketing cria uma imagem clara do seu público-alvo e compartilha essas informações com você. Como vendedor, você pode usar essas informações para se comunicar de forma mais eficaz com seu público-alvo e aumentar suas chances de conversão.

Lembre-se de que o seu público-alvo pode mudar com o tempo, então é importante que você continue trabalhando com o time de marketing para mantê-lo atualizado e ajustar suas estratégias de acordo.

Vimos que a identificação do seu público-alvo envolve a coleta de informações sobre clientes atuais e potenciais, incluindo dados demográficos, comportamento de compra e informações psicográficas. É relevante realizar pesquisas de mercado para compreender ainda mais sobre o seu público-alvo. Uma vez que você tenha as informações necessárias, pode segmentar o seu público em grupos específicos baseados em características como idade, gênero, localização, renda e comportamento de compra.

Para entender as necessidades, desejos e motivações do seu público-alvo, é preciso observar padrões de comportamento de compra e conversar com os clientes. Mais além, é importante ficar atento às tendências do mercado e às mudanças nas necessidades e desejos do seu público-alvo.

Personalizar a abordagem de vendas é uma parte fundamental para atender aos desejos e necessidades de cada grupo específico do seu público-alvo. Algumas técnicas que podem ser utilizadas incluem a criação de mensagens personalizadas, oferecer opções personalizadas de produtos ou serviços, usar marketing direcionado e fornecer suporte personalizado aos clientes.

Lembre-se de que conhecer o seu público-alvo e personalizar a abordagem de vendas é um processo contínuo.
É importante continuar coletando informações e monitorando as necessidades, desejos e motivações do seu público-alvo para garantir que você esteja sempre oferecendo soluções personalizadas e eficazes.

Em suma, conhecer o seu público-alvo e personalizar a abordagem de vendas é fundamental para o sucesso em vendas. Ao fazer uso de tecnologias avançadas, investir em treinamento para a equipe de vendas, e continuar monitorando as necessidades e desejos do seu público-alvo, você estará preparado para oferecer soluções personalizadas e eficazes que atendam às necessidades dos clientes.

Exemplo Prático

Definir o público-alvo é crucial para o sucesso de uma empresa, especialmente no mercado de cosméticos. Uma empresa de cosméticos femininos voltados para o público sênior deve ter uma compreensão profunda desse para criar soluções relevantes e eficazes.

Aqui estão alguns exemplos de como uma empresa de cosméticos femininos pode se aproximar de um público sênior:

- Demografia: O público sênior é composto principalmente por mulheres com idade acima de 60 anos. É importante compreender as características demográficas dessas mulheres, como renda, localização geográfica e estilo de vida, para criar soluções personalizadas para atender às suas necessidades.

- Hábitos de consumo: As mulheres mais velhas tendem a ser mais conscientes sobre sua saúde e beleza, e são mais propensas a buscar produtos de cuidado da pele de alta qualidade. É importante oferecer produtos que atendam às suas expectativas e que sejam fáceis de usar.

- Comportamentos e atitudes: As mulheres mais velhas têm uma perspectiva diferente sobre beleza e cuidados com a pele, e são mais propensas a buscar soluções que ajudem a melhorar a aparência e a saúde da pele. É importante oferecer soluções inovadoras e eficazes que atendam às suas necessidades.

- Dores e desafios: Com o envelhecimento, a pele perde sua elasticidade e começa a apresentar rugas e manchas. É importante oferecer soluções que ajudem a reduzir os sinais do envelhecimento e a melhorar a aparência da pele.

- Personas: Criar personas do público-alvo pode ajudar a visualizar as necessidades e desejos das mulheres mais velhas e a personalizar sua estratégia de marketing e vendas. Por exemplo, pode-se criar uma persona de uma mulher de 65 anos, que é saudável, independente e preocupada com sua aparência, e oferecer soluções que atendam às suas necessidades.

Capítulo 6: Os fatores psicológicos que influenciam a tomada de decisão do cliente

A tomada de decisão é uma habilidade essencial para qualquer indivíduo ou organização. Seja no âmbito pessoal, profissional ou até mesmo político, as decisões que tomamos moldam nosso presente e nosso futuro. Neste capítulo, abordaremos os principais aspectos do processo de tomada de decisão, discutindo desde os modelos teóricos até as abordagens práticas para aprimorar essa habilidade.

Começaremos por explorar o conceito de tomada de decisão e suas origens, a fim de estabelecer uma base sólida para o entendimento do leitor. Entenderemos como a tomada de decisão está intrinsecamente ligada à nossa capacidade de avaliar situações, analisar informações e selecionar a melhor opção entre várias alternativas disponíveis.

Em seguida, apresentaremos os principais modelos teóricos de tomada de decisão. Estes modelos, desenvolvidos por pesquisadores e teóricos ao longo dos anos, nos ajudarão a compreender as complexidades do processo e a identificar as melhores abordagens em diferentes contextos. Alguns dos modelos que discutiremos incluem o modelo racional, o modelo de satisfação e o modelo de prospectiva.

No modelo racional, os decisores são considerados agentes que maximizam a utilidade de suas escolhas, ou seja, tomam decisões que proporcionam o maior benefício possível. Este modelo assume que os decisores têm acesso a todas as informações relevantes e são capazes de analisá-las de maneira imparcial e lógica. Ainda que o modelo racional seja amplamente estudado e aplicado, a realidade nos mostra que nem sempre as decisões são tomadas de forma tão sistemática e racional.

Por isso, o modelo de satisfação, desenvolvido por Herbert Simon, traz uma abordagem mais realista. Simon argumentou que os seres humanos, ao contrário do que sugere o modelo racional, possuem limitações cognitivas que os impedem de analisar todas as informações disponíveis e de calcular a melhor opção de forma exaustiva. Em vez disso, os decisores buscam soluções satisfatórias, ou seja, soluções que atendam a um nível mínimo de aceitabilidade.

Outro modelo importante é o de prospectiva, proposto por Daniel Kahneman e Amos Tversky, que se baseia na teoria da perspectiva e aborda como as pessoas tomam decisões em situações de incerteza. Neste modelo, os indivíduos são influenciados por heurísticas e vieses cognitivos que podem levar a erros sistemáticos na tomada de decisão.

Depois de examinar os modelos teóricos, exploraremos as abordagens práticas para melhorar o processo de tomada de decisão. Abordaremos técnicas e estratégias que podem ser aplicadas tanto no âmbito pessoal quanto no profissional, com o objetivo de aumentar a qualidade das decisões e minimizar possíveis erros.

Uma dessas abordagens é a tomada de decisão em grupo, que busca aproveitar a diversidade de opiniões e conhecimentos dos membros do grupo para chegar a uma decisão mais bem embasada e eficaz. Para que essa abordagem funcione de maneira eficiente, é fundamental promover a comunicação aberta e o compartilhamento de informações, evitando a formação de subgrupos e o fenômeno da "mentalidade de grupo".

Outra técnica útil é a análise de decisão multicritério, que ajuda os decisores a comparar e avaliar opções com base em múltiplos critérios.

Essa abordagem permite atribuir pesos e importâncias aos diferentes critérios, facilitando a escolha da opção mais adequada.

Além dessas estratégias, o desenvolvimento de habilidades emocionais e de autoconhecimento também é essencial para aprimorar a tomada de decisão. A inteligência emocional nos ajuda a compreender e gerenciar nossas emoções, o que contribui para uma análise mais objetiva das situações e a minimização dos efeitos dos vieses cognitivos.

Em resumo, a tomada de decisão é uma habilidade complexa e multifacetada que desempenha um papel crucial em diversos aspectos de nossas vidas. Ao compreender os modelos teóricos e aplicar abordagens práticas, podemos melhorar nossa capacidade de tomar decisões mais informadas e eficazes, impactando positivamente nosso presente e nosso futuro.

O papel das emoções no processo de compra

As emoções desempenham um papel crucial no processo de compra, influenciando diretamente as decisões dos consumidores. Neste subcapítulo, abordaremos a importância das emoções no comportamento do consumidor e como elas afetam as escolhas e preferências durante o processo de compra.

O impacto das emoções no comportamento do consumidor

As emoções têm o poder de moldar a percepção dos consumidores sobre produtos, marcas e experiências. Elas atuam como um filtro através do qual as pessoas avaliam e interpretam as informações disponíveis, guiando suas decisões de compra.

Emoções positivas, como alegria e satisfação, podem levar a uma maior disposição para comprar, enquanto emoções negativas, como frustração e medo, tendem a desencorajar a aquisição de produtos ou serviços.

A influência do marketing emocional

O marketing emocional é uma estratégia que busca despertar emoções específicas nos consumidores para influenciar suas decisões de compra.
Essa abordagem pode incluir o uso de histórias emocionantes, apelo visual, cores, música e outros elementos que criam uma conexão emocional com a marca ou o produto. Ao estabelecer essa conexão, as empresas podem aumentar a lealdade do consumidor e encorajar a repetição de compras.

As emoções e o processo de decisão de compra
Durante o processo de decisão de compra, os consumidores passam por várias etapas, como a identificação da necessidade, busca de informações, avaliação de alternativas e, finalmente, a tomada de decisão. As emoções podem afetar cada uma dessas etapas, alterando a percepção dos consumidores sobre o valor e a atratividade dos produtos e serviços.

Como as empresas podem aproveitar as emoções no processo de compra.

Compreender a influência das emoções no processo de compra é fundamental para as empresas que buscam otimizar suas estratégias de marketing e aumentar as vendas. Algumas das ações que podem ser implementadas incluem:

Desenvolver campanhas publicitárias que despertem emoções positivas nos consumidores.

Criar uma experiência de compra agradável, que minimize emoções negativas, como frustração e estresse.

Estabelecer uma conexão emocional com o público-alvo, utilizando histórias e elementos que ressoem com suas emoções e valores.

Monitorar e responder ao feedback dos consumidores, identificando suas emoções e ajustando as estratégias de marketing de acordo.

Entendendo as motivações e impulsos dos clientes

As vendas são uma arte e uma ciência que envolve muitos fatores, incluindo habilidades de comunicação, conhecimento do produto e estratégias de negociação. No entanto, uma das habilidades mais importantes que um vendedor pode ter é a capacidade de entender as motivações e impulsos dos clientes.

Cada cliente é único e tem diferentes necessidades, desejos e expectativas. Para ser eficaz em vendas, os vendedores precisam ser capazes de identificar e compreender esses fatores para oferecer soluções personalizadas e relevantes. Isso começa com a escuta ativa e fazendo perguntas inteligentes para descobrir as principais preocupações e problemas que os clientes estão enfrentando.

Um vendedor deve procurar entender os motivadores emocionais do cliente e trabalhar com eles. Algumas pessoas querem ser vistas como inteligentes, outras como bem-sucedidas, e outras ainda como altruístas. É importante identificar o que impulsiona o cliente para poder oferecer soluções adequadas a cada situação. Mapear os impulsos e drivers emocionais dos clientes é uma estratégia importante para que o vendedor possa ajustar sua abordagem e apresentar argumentos de venda convincentes.

Quando um vendedor entende as motivações e impulsos dos clientes, ele pode personalizar a sua abordagem. Por exemplo, se um cliente está preocupado com o orçamento, o vendedor pode apresentar opções que economizem dinheiro. Se um cliente está preocupado com o tempo, o vendedor pode oferecer soluções que economizem tempo. Ao personalizar a abordagem, o vendedor pode tornar a solução mais relevante para o cliente e, portanto, mais eficaz.

No entanto, é importante lembrar que as motivações e impulsos dos clientes podem mudar ao longo do tempo.
Por isso, é necessário manter um diálogo contínuo e aberto para garantir que as soluções oferecidas continuem a atender às necessidades em evolução dos clientes. O vendedor deve estar sempre disposto a ouvir, perguntar e aprender com seus clientes, para poder oferecer soluções mais eficazes e adaptadas às suas necessidades.

Outro aspecto importante para entender as motivações e impulsos dos clientes é conhecer o mercado e a concorrência. Os vendedores precisam entender o que está acontecendo no mercado e o que os concorrentes estão fazendo para oferecer soluções que se destaquem e sejam competitivas. Isso pode incluir acompanhar tendências de mercado, avaliar a concorrência, identificar as lacunas de mercado e identificar oportunidades de inovação.

Para entender as motivações e impulsos dos clientes, é importante também avaliar os dados disponíveis. As empresas têm cada vez mais acesso a dados sobre seus clientes, incluindo informações demográficas, histórico de compras e preferências. Os vendedores podem usar esses dados para segmentar seus clientes e personalizar suas abordagens de vendas.

Por exemplo, um vendedor pode oferecer produtos complementares ou serviços adicionais que sejam relevantes para as necessidades de um cliente com base em seu histórico de compras. Além disso, os vendedores podem usar os dados para prever comportamentos futuros do cliente, antecipando suas necessidades e oferecendo soluções antes mesmo que eles percebam que precisam delas.

A tecnologia também pode ser uma grande aliada na compreensão das motivações e impulsos dos clientes. As ferramentas de análise de dados e inteligência artificial podem ajudar os vendedores a identificar padrões de comportamento dos clientes e entender melhor suas necessidades e desejos. Além disso, as tecnologias de automação de vendas podem ajudar a personalizar a abordagem de vendas em escala, tornando a experiência do cliente mais eficiente e personalizada.

No entanto, é importante lembrar que, apesar de toda a tecnologia e dados disponíveis, a habilidade humana de se conectar com os clientes é fundamental. Os vendedores precisam ser capazes de estabelecer relacionamentos pessoais com os clientes e entender suas necessidades e desejos além dos dados. Eles precisam ser empáticos e compreensivos, ouvindo ativamente e demonstrando interesse genuíno em ajudar os clientes a encontrar soluções para seus problemas.

Finalmente, para entender as motivações e impulsos dos clientes, é necessário ter um mindset orientado para o cliente. Isso significa colocar o cliente em primeiro lugar em todas as decisões e atividades da empresa. Os vendedores devem trabalhar em conjunto com outras áreas da empresa, como marketing e atendimento ao cliente, para criar uma experiência do cliente consistente e de alta qualidade em todos os pontos de contato.

Isso pode incluir investir em treinamento para a equipe de vendas, criar processos de vendas eficientes e simplificar o processo de compra para os clientes.

Em resumo, entender as motivações e impulsos dos clientes é uma habilidade essencial para qualquer vendedor que deseja ser eficaz e bem-sucedido. Isso envolve ouvir ativamente, fazer perguntas inteligentes, mapear os impulsos e drivers emocionais dos clientes, personalizar a abordagem de vendas, manter um diálogo contínuo e aberto, conhecer o mercado e a concorrência, avaliar os dados disponíveis, usar a tecnologia apropriada e manter um mindset orientado para o cliente. Quando os vendedores são capazes de entender as necessidades e desejos únicos de seus clientes, eles são capazes de oferecer soluções personalizadas e de valor agregado, criando relacionamentos duradouros e rentáveis.

O impacto do viés psicológico nos resultados de vendas

Compreender a influência dos vieses psicológicos nos resultados das vendas é um dos tópicos importantes abordados no livro "Manual Secreto das Vendas".

Os vieses psicológicos são desvios de pensamento que podem levar a decisões equivocadas ou ações inadequadas. No contexto de vendas, os vieses psicológicos podem ter um impacto significativo nos resultados, tanto para os vendedores quanto para os clientes.

Um dos vieses psicológicos mais comuns em vendas é o viés de confirmação. Isso ocorre quando os vendedores têm uma crença pré-concebida sobre o cliente ou a situação de venda e procuram confirmar essa crença, em vez de buscar informações objetivas. Esse viés pode levar a interpretações distorcidas de sinais ou pistas dos clientes, resultando em uma abordagem inadequada ou em soluções ineficazes.

Outro comum é o viés de ancoragem, que ocorre quando os vendedores se fixam em um ponto de referência inicial, como o preço sugerido pelo cliente, e têm dificuldade em se afastar dele, mesmo que outras opções possam ser mais vantajosas para ambas as partes. Isso pode resultar em negociações ineficazes ou até mesmo em perda de vendas.

Também existe o efeito halo, que ocorre quando os vendedores fazem julgamentos globais sobre um cliente com base em uma única característica ou impressão positiva ou negativa. Por exemplo, se um vendedor tiver uma impressão inicial positiva sobre um cliente, pode supor que ele está interessado em produtos ou serviços específicos, sem investigar suas necessidades ou desejos reais.

Ainda, a aversão à perda é outro viés psicológico que pode afetar as vendas. Os vendedores podem evitar oferecer soluções ou produtos que possam parecer arriscados ou pouco conhecidos para o cliente, com medo de perder a venda. No entanto, isso pode limitar a oferta de soluções e reduzir as oportunidades de venda.

Para superar os vieses psicológicos e melhorar os resultados de vendas, os vendedores precisam adotar uma abordagem objetiva e baseada em fatos. Isso inclui ouvir ativamente o cliente, fazer perguntas abertas e procurar entender as necessidades e desejos reais do cliente. Também pode ser útil questionar as crenças ou pressupostos pré-concebidos para evitar o viés de confirmação.

Aliás, os vendedores podem aplicar a técnica de questionamento Socrático para ajudar os clientes a chegar a suas próprias conclusões sobre os produtos ou serviços oferecidos.

Isso envolve fazer perguntas abertas e exploratórias para ajudar o cliente a considerar diferentes opções e perspectivas, em vez de impor uma solução específica.

Outra estratégia é focar na solução, em vez de no produto. Os vendedores podem oferecer uma ampla gama de soluções possíveis para ajudar o cliente a encontrar a opção que melhor atenda às suas necessidades e desejos, em vez de tentar impor uma solução única. Isso pode ajudar a superar o viés de ancoragem e permitir que o cliente considere opções mais amplas.

Para superar o efeito halo, é importante que os vendedores estejam cientes de suas próprias tendências de julgamento e estejam dispostos a avaliar cada cliente de forma individual e objetiva. Isso pode incluir fazer perguntas abertas e objetivas e procurar entender as necessidades e desejos do cliente antes de tomar decisões ou oferecer soluções.

Além disso, é importante que os vendedores estejam dispostos a assumir riscos calculados e oferecer soluções inovadoras, mesmo que possam parecer pouco conhecidas ou arriscadas para o cliente. Isso pode ajudar a superar a aversão à perda e permitir que os clientes considerem uma ampla gama de soluções possíveis.

No entanto, superar os vieses psicológicos não é uma tarefa fácil. Os vendedores podem se beneficiar de treinamento e educação continuada para ajudá-los a reconhecer e superar esses vieses. Isso pode incluir o desenvolvimento de habilidades de comunicação e negociação, bem como a participação em workshops ou treinamentos sobre vieses psicológicos em vendas.

Além do mais, os vendedores podem se beneficiar da adoção de tecnologias de vendas avançadas, como inteligência artificial e análise de dados, para ajudá-los a identificar padrões de comportamento dos clientes e entender melhor suas necessidades e desejos. Essas ferramentas podem ajudar a reduzir a influência dos vieses psicológicos, fornecendo informações objetivas e imparciais sobre os clientes e a situação de vendas.

Em resumo, entender a influência dos vieses psicológicos nos resultados das vendas é uma habilidade importante para os vendedores. Os vieses psicológicos podem levar a decisões equivocadas ou ações inadequadas, e é importante que os vendedores estejam cientes desses vieses e adotem uma abordagem objetiva e baseada em fatos para superá-los. Isso inclui ouvir ativamente os clientes, fazer perguntas abertas e objetivas, adotar uma abordagem de solução em vez de produto, e estar disposto a assumir riscos calculados e oferecer soluções inovadoras. Antes, os vendedores podem se beneficiar de treinamento e educação continuada, bem como do uso de tecnologias avançadas de vendas, para ajudá-los a superar os vieses psicológicos e melhorar os resultados de vendas.

Compreendendo o processo de tomada de decisão

Um dos elementos fundamentais para o sucesso em vendas é entender o processo de tomada de decisão do cliente. Cada cliente tem seu próprio processo de tomada de decisão, que pode ser influenciado por uma série de fatores, incluindo necessidades, desejos, valores, percepções e experiências anteriores. Compreender esse processo é fundamental para identificar as necessidades dos clientes e apresentar soluções que sejam relevantes e eficazes.

O processo de tomada de decisão do cliente pode ser dividido em três fases principais: a fase de reconhecimento do problema, a fase de consideração das opções e a fase de decisão de compra. Na fase de reconhecimento do problema, o cliente percebe que tem um problema ou necessidade que precisa ser resolvido. Nessa fase, o vendedor pode ajudar o cliente a identificar o problema e compreender suas implicações.

Na fase de consideração das opções, o cliente começa a avaliar as possíveis soluções para o problema identificado. Nessa fase, o vendedor pode ajudar o cliente a entender as opções disponíveis e apresentar soluções que sejam relevantes e eficazes. É importante que o vendedor esteja ciente das necessidades e desejos específicos do cliente e apresente soluções que atendam a essas necessidades de maneira eficaz.

Na fase de decisão de compra, o cliente decide qual opção é a melhor para suas necessidades e realiza a compra. Nessa fase, o vendedor pode ajudar o cliente a superar quaisquer objeções ou dúvidas que possam surgir e fornecer informações adicionais para apoiar a decisão de compra.

Para entender o processo de tomada de decisão do cliente, é importante que o vendedor esteja ciente dos fatores que podem influenciá-lo.
Isso pode incluir fatores externos, como influências culturais, sociais e econômicas, bem como fatores internos, como valores pessoais, experiências anteriores e percepções. O vendedor pode ajudar o cliente a avaliar esses fatores e considerá-los ao tomar uma decisão de compra.

É relevante que o vendedor esteja ciente dos diferentes tipos de decisões de compra que os clientes podem fazer.

As decisões de compra podem ser divididas em três categorias principais: decisões habituais, decisões limitadas e decisões complexas. As decisões habituais são aquelas em que o cliente compra produtos ou serviços regularmente, sem muita consideração ou esforço. As decisões limitadas são aquelas em que o cliente precisa de mais informações e avaliação para tomar uma decisão de compra. As decisões complexas são aquelas em que o cliente precisa de muitas informações e avaliação para tomar uma decisão de compra.

Compreender o tipo de decisão de compra que o cliente está fazendo pode ajudar o vendedor a adaptar sua abordagem de vendas e fornecer informações relevantes e úteis para ajudar o cliente a tomar uma decisão informada.

Outra estratégia para entender o processo de tomada de decisão do cliente é ouvir ativamente e fazer perguntas inteligentes. O vendedor deve estar disposto a ouvir o cliente e fazer perguntas que ajudem a identificar suas necessidades e desejos específicos. Isso pode incluir perguntas abertas e exploratórias, bem como perguntas fechadas e específicas para ajudar o cliente a avaliar opções específicas.

Também vale lembrar que o vendedor seja capaz de apresentar informações relevantes e úteis de maneira clara e concisa. Isso pode incluir o uso de demonstrações, exemplos e estudos de caso para ajudar o cliente a entender as opções disponíveis e avaliar os benefícios e desvantagens de cada uma.

Outra tática é ser flexível e adaptável. O processo de tomada de decisão do cliente pode mudar ao longo do tempo, e é importante que o vendedor esteja ciente dessas mudanças e seja capaz de se adaptar de acordo.

Isso pode incluir a oferta de soluções alternativas ou o fornecimento de informações adicionais para ajudar o cliente a tomar uma decisão informada.

Por fim, é importante que o vendedor esteja ciente dos diferentes estágios do ciclo de vida do produto e como eles podem afetar o processo de tomada de decisão do cliente. Por exemplo, os clientes podem estar mais propensos a comprar um produto ou serviço no estágio de introdução, quando ele é novo e inovador, ou no estágio de maturidade, quando ele foi testado e comprovado por outros clientes. Compreender esses estágios pode ajudar o vendedor a adaptar sua abordagem de vendas e fornecer informações relevantes e úteis ao cliente.

Entender o processo de tomada de decisão do cliente é fundamental para o sucesso em vendas. Isso envolve compreender as diferentes fases do processo de tomada de decisão, os fatores que podem influenciar a decisão de compra do cliente e os diferentes tipos de decisões de compra que os clientes podem fazer.

Também é admirável ouvir ativamente o cliente, apresentar informações relevantes e úteis de maneira clara e concisa, ser flexível e adaptável e estar ciente dos diferentes estágios do ciclo de vida do produto. Quando os vendedores são capazes de entender o processo de tomada de decisão do cliente, eles podem apresentar soluções relevantes e eficazes que atendam às necessidades e desejos únicos do cliente, criando relacionamentos duradouros e rentáveis.

Capítulo 7: Evangelização

A evangelização dos clientes é uma prática de marketing que visa transformar os clientes em defensores leais de uma marca ou empresa, compartilhando suas experiências positivas com outras pessoas e promovendo a marca de forma orgânica.

Essa tendência surgiu na década de 1990, nos Estados Unidos, como uma forma de reverter a insatisfação do consumidor com a publicidade tradicional e criar um relacionamento mais próximo e pessoal entre as marcas e seus clientes. Com a popularização da internet e das redes sociais, a evangelização dos clientes tornou-se ainda mais relevante, já que os consumidores agora têm uma plataforma ampla para compartilhar suas opiniões e experiências sobre as marcas que utilizam.

As empresas podem estimular a evangelização dos clientes por meio de programas de fidelidade, oferecendo experiências personalizadas, atendimento excepcional ao cliente e qualidade superior dos produtos ou serviços. Ao cultivar a lealdade e o entusiasmo dos clientes, as empresas podem obter um retorno significativo sobre o investimento em marketing e publicidade, além de promover a confiança na marca e a fidelidade do cliente a longo prazo.

A comunicação entre o time de marketing e o time de vendas é fundamental para o sucesso da evangelização dos clientes. Sem uma boa comunicação, é difícil criar uma estratégia eficaz de evangelização que realmente atenda às necessidades dos clientes.

O primeiro passo para uma boa evangelização dos clientes é ter uma compreensão clara do público-alvo. O time de vendas é uma fonte valiosa de informações sobre o público-alvo, pois eles têm contato direto com os clientes e entendem suas necessidades e desafios.

O time de marketing precisa trabalhar em estreita colaboração com o time de vendas para garantir que a estratégia de evangelização do cliente esteja alinhada aos objetivos dos clientes.

Os vendedores podem fornecer feedback valioso sobre o público-alvo, incluindo informações sobre suas necessidades e desafios, assim como informações sobre o que está funcionando e o que não está funcionando na abordagem de vendas atual. Isso ajudará o time de marketing a criar uma estratégia de evangelização do cliente mais eficaz que atenda às necessidades reais dos clientes.

Mais além, a comunicação entre o time de marketing e o time de vendas é importante para garantir que a mensagem da empresa seja consistente em todas as interações com os clientes. O time de marketing pode fornecer informações sobre a mensagem da empresa e o time de vendas pode ajudar a garantir que essa mensagem seja transmitida de forma clara e consistente durante as interações com os clientes.

Logo, a comunicação entre o time de marketing e o time de vendas é fundamental para o sucesso da evangelização dos clientes. A colaboração entre os dois times permitirá que eles criem uma estratégia de evangelização do cliente mais eficaz que atenda às necessidades reais dos clientes e garanta uma mensagem consistente em todas as interações com os clientes.

O vendedor precisa saber que a evangelização é como dar aula para os clientes sobre como sua solução pode mudar suas vidas para melhor. É uma abordagem que coloca o cliente no centro e o ajuda a entender como sua solução pode resolver seus problemas. O objetivo é criar uma cultura em torno da sua marca, manter os clientes engajados e ajudá-los a aproveitar ao máximo sua solução.

O time de marketing vai encontrar os clientes certos. É preciso que o vendedor também entenda quem são seus clientes ideais e o que eles precisam.
Depois, você precisa transmitir a mensagem clara e consistente para ajudá-los a entender como sua solução pode ajudá-los. Isso pode incluir apresentar conteúdo educacional, fazer webinars, treinamentos e demonstrações ao vivo.

Outra parte importante é construir relacionamentos com os clientes. Isso significa ouvir ativamente o que eles têm a dizer, responder a suas perguntas e garantir que eles estejam satisfeitos com sua solução. Voltar ao time de marketing com feedback é relevante! Adicionando a isso, é importante criar oportunidades para que os clientes se conectem uns com os outros e compartilhem suas histórias de sucesso. Isso pode incluir eventos de clientes, comunidades online e programas de referência.

Acompanhar e medir o sucesso da evangelização do cliente é preciso. Isso inclui ver como os clientes estão engajados, se eles estão satisfeitos com sua solução e o impacto que ela está tendo na vida deles. É importante avaliar constantemente sua estratégia e fazer mudanças se necessário para garantir o sucesso a longo prazo.

Vamos resumir e colocar aqui as etapas da evangelização de clientes.

Elas podem variar dependendo da abordagem e estratégia utilizadas, mas em geral, as etapas que estão envolvidas são:

- Conhecer o cliente: Antes de começar a evangelizar um cliente, é importante conhecê-lo bem e entender suas necessidades e desejos.

- Proporcionar uma experiência excepcional: É importante proporcionar uma experiência excepcional para o cliente, seja por meio de produtos de alta qualidade, serviços excepcionais ou atendimento ao cliente excepcional.

- Identificar clientes satisfeitos: Identificar os clientes satisfeitos é fundamental para a evangelização. Esses clientes serão os defensores leais da marca e promotores entusiastas para outras pessoas.

- Criar um programa de fidelidade: Oferecer um programa de fidelidade é uma ótima maneira de incentivar a evangelização dos clientes. Ao oferecer benefícios exclusivos para clientes leais, como descontos, brindes e eventos exclusivos, você pode aumentar a probabilidade de que eles se tornem evangelizadores.

- Solicitar feedback: Pedir feedback dos clientes é uma forma importante de entender as necessidades e desejos dos clientes. O feedback também ajuda a identificar áreas para melhoria e a criar um relacionamento mais forte e confiável com o cliente.

- Incentivar o compartilhamento: Incentive os clientes a compartilhar suas experiências positivas com outras pessoas, seja por meio de depoimentos em redes sociais, avaliações em sites de avaliação ou indicações diretas para amigos e familiares.

- Fornecer suporte contínuo: Fornecer suporte contínuo é fundamental para manter os clientes satisfeitos e engajados. Isso pode incluir suporte técnico, treinamento ou atualizações de produtos/serviços para garantir que os clientes estejam sempre satisfeitos e engajados.

Ao seguir essas etapas, é possível criar uma base de clientes fiéis que não só compram de sua empresa, mas também promovem e defendem sua marca para outras pessoas.

Evangelização e a Marca John Deere: Como a Empresa se Tornou um Verdadeiro Ícone Americano

A evangelização dos clientes é uma tendência cada vez mais popular no mundo dos negócios.
Na busca pela fidelização e lealdade do cliente, muitas empresas recorrem a essa estratégia para fortalecer sua marca e aumentar a conscientização do público. Vamos explorar como a marca John Deere se tornou um verdadeiro ícone americano por meio de sua evangelização.

A John Deere é uma empresa americana de maquinário agrícola, fundada em 1837 por John Deere, em Grand Detour, Illinois. No início, a empresa produzia arados de aço, que eram mais resistentes e eficientes do que os arados de madeira comuns na época. A partir desse início modesto, a John Deere cresceu e expandiu seus negócios para se tornar uma das maiores empresas de equipamentos agrícolas do mundo.

A marca John Deere é conhecida por sua qualidade e confiabilidade, e se tornou um ícone na agricultura americana. Com mais de 180 anos de história, a empresa é um exemplo de sucesso duradouro e evolução constante.

Desde o início, ela se esforçou para criar um relacionamento de confiança e lealdade com seus clientes. A empresa se preocupa em ouvir as necessidades dos clientes e adaptar seus produtos e serviços para atender a essas necessidades.

Um exemplo disso é o programa de suporte técnico da John Deere. A empresa tem um compromisso com a satisfação do cliente, oferecendo suporte técnico aos seus clientes em todo o mundo. O John Deere Customer Service ADVISOR é um banco de dados digital de manuais técnicos e do operador. Existem várias maneiras de acessar essa ferramenta.
Os usuários com esta licença podem acessar essas informações on-line ou aproveitar um aplicativo baixado e um cabo para conectar-se diretamente ao equipamento para diagnóstico. Isso ajuda a garantir que seus produtos sejam usados de maneira correta e segura, proporcionando maior durabilidade e confiabilidade.

A John Deere também se esforça para oferecer aos seus clientes uma experiência de compra satisfatória. A empresa possui uma extensa rede de distribuidores em todo o mundo, com profissionais treinados e experientes para ajudar os clientes a escolher o equipamento certo para suas necessidades.

A empresa também utiliza a tecnologia para se conectar com seus clientes. A John Deere oferece uma variedade de aplicativos e serviços online para ajudar seus clientes a gerenciar seus equipamentos e operações agrícolas de forma mais eficiente.

A marca John Deere também é conhecida por sua campanha publicitária "Nothing Runs Like a Deere" (Nada roda como um Deere), que se tornou um verdadeiro ícone americano. A campanha, lançada em 1972, apresenta uma música cativante e imagens de equipamentos John Deere em ação, enfatizando a qualidade, confiabilidade e durabilidade dos produtos da empresa.

Além disso, a John Deere patrocina eventos e competições agrícolas em todo o mundo, ajudando a promover a marca e mostrar seu compromisso com a indústria agrícola.

Apple e a Evangelização tecnológica

Outro exemplo de grande sucesso na evangelização é a Apple! Ela soube fazer o pessoal virar fã dos seus produtos. Eles criam coisas super diferentes e avançadas, dão um tratamento especial para os clientes, deixam todo mundo na expectativa dos lançamentos, e usam uma linguagem e visual que faz todo mundo querer ser parte da marca.
Com essa estratégia, a Apple criou uma legião de fãs super fiéis, que não só compram os produtos da marca, mas também falam muito bem deles para amigos e parentes. Essa abordagem deu super certo, e a Apple é uma das marcas mais importantes e valiosas do mundo.

Mas não é só a Apple que pode evangelizar, vamos ver um exemplo prático em uma pizzaria de bairro seguindo as etapas de evangelização de clientes:

Conhecer o cliente: A pizzaria pode se esforçar para conhecer seus clientes, descobrindo quais são as suas preferências, necessidades e desejos.

Isso pode ser feito por meio de pesquisas de mercado, feedbacks coletados por meio de aplicativos de entrega de comida, enquetes nas redes sociais ou mesmo interações diretas com os clientes em suas lojas físicas.

Proporcionar uma experiência excepcional: A pizzaria pode se diferenciar da concorrência oferecendo pizzas feitas com ingredientes frescos e de alta qualidade, preparadas com técnicas de culinária tradicionais e oferecendo opções de personalização, tais como pizzas vegetarianas, veganas ou sem glúten. A pizzaria pode também oferecer serviços de entrega rápidos e eficientes, permitindo que seus clientes desfrutem de suas pizzas preferidas em casa.

Identificar clientes satisfeitos: A pizzaria pode identificar os clientes satisfeitos por meio de feedbacks positivos em suas redes sociais ou em sites de avaliação de restaurantes. Os comentários positivos podem ser uma ótima maneira de identificar os clientes satisfeitos e transformá-los em evangelizadores.

Criar um programa de fidelidade: A pizzaria pode criar um programa de fidelidade para incentivar a lealdade do cliente. O programa pode oferecer descontos, brindes ou ofertas exclusivas para os clientes que fazem pedidos regulares. Além disso, a pizzaria pode oferecer promoções especiais para os clientes que trazem novos clientes para experimentar suas pizzas.

Solicitar feedback: A pizzaria pode solicitar feedback aos clientes para entender suas necessidades e desejos. O feedback pode ser obtido por meio de pesquisas de satisfação ou enquetes nas redes sociais. O feedback pode ajudar a pizzaria a identificar as áreas que precisam ser melhoradas e, assim, melhorar a qualidade de seus produtos e serviços.

Incentivar o compartilhamento: A pizzaria pode incentivar os clientes a compartilhar suas experiências positivas com a marca em suas redes sociais, incentivando-os com promoções exclusivas. Isso pode ajudar a pizzaria a aumentar sua presença nas redes sociais e atrair novos clientes.

Fornecer suporte contínuo: A pizzaria pode fornecer suporte contínuo aos clientes para manter a satisfação e a fidelidade do cliente. Isso pode incluir descontos em pedidos futuros, resolução de problemas rapidamente, informando os clientes sobre novos sabores e promoções especiais.

Ao seguir essas etapas, a pizzaria pode criar uma base de clientes fiéis e satisfeitos, que irão evangelizar a marca para outras pessoas.

A evangelização dos clientes pode ser uma forma poderosa de promover a marca e aumentar a fidelidade do cliente. Mais ainda, a evangelização dos clientes pode ajudar a pizzaria a atrair novos clientes e impulsionar as vendas a longo prazo.

A Relevância do Customer Success na Área de Vendas: Integrando com Marketing para Alcançar o Sucesso

O sucesso do cliente tem sido uma das principais áreas para vendas nos últimos anos. À medida que as empresas passam a entender a importância do cliente para o sucesso dos negócios, o Customer Success se torna cada vez mais importante. No contexto das vendas, é a garantia de que o cliente tenha uma experiência de compra satisfatória, criando um vínculo de fidelidade e uma oportunidade para futuras compras.

O que é Customer Success?

O Customer Success é o processo de ajudar o cliente a alcançar seus objetivos ao usar o produto ou serviço de uma empresa.

Isso envolve a compreensão das necessidades do cliente, acompanhando-o durante todo o processo de venda e pós-venda, ajudando-o a alcançar seus objetivos, e trabalhando para manter um relacionamento duradouro com o cliente. O objetivo final é maximizar a satisfação do cliente e aumentar a fidelidade do cliente.

Na área de vendas, a relevância do Customer Success está na garantia de que o cliente tenha uma experiência de compra satisfatória. A empresa deve se concentrar em criar um vínculo de fidelidade com o cliente, garantindo que ele esteja satisfeito com o produto ou serviço e oferecendo suporte após a compra. Isso ajudará a aumentar a fidelidade do cliente, e com isso, criar uma oportunidade para futuras vendas.

A integração do Customer Success com Marketing é essencial para garantir que o cliente tenha uma experiência de compra satisfatória. Marketing deve ajudar a criar um relacionamento sólido entre o cliente e a empresa. O marketing deve estar ciente das necessidades do cliente e estar em posição de oferecer soluções antes mesmo do cliente pedir ajuda.

Eles devem trabalhar juntos para oferecer uma experiência de compra personalizada, desde a fase de pesquisa até a compra e suporte pós-venda. Para atingir esse objetivo, a empresa deve monitorar a jornada do cliente em toda a sua extensão, usando análises de dados para fornecer soluções eficazes e personalizadas.

A integração do Customer Success com Marketing também é benéfica para maximizar a satisfação do cliente. Ao trabalharem juntos, as equipes podem identificar áreas que precisam ser melhoradas e fornecer soluções para aumentar a satisfação do cliente. Isso pode incluir aprimoramentos no produto ou serviço, comunicação mais eficaz e um processo de atendimento ao cliente mais eficiente.

A Salesforce é um exemplo de empresa que alcançou o sucesso do cliente e integrou com sucesso o Customer Success com Marketing. Eles adotaram uma abordagem centrada no cliente para aprimorar seus processos de vendas e atendimento ao cliente, garantindo que seus clientes tivessem uma experiência de compra satisfatória. A Salesforce trabalha de perto com seus clientes para identificar suas necessidades e oferecer soluções personalizadas. Além disso, a empresa usa análises de dados para fornecer insights sobre a jornada do cliente e fornecer soluções mais eficazes.

Outro caso de sucesso é a empresa de software Zendesk, que fornece uma plataforma de suporte ao cliente. A Zendesk integrou com sucesso o Customer Success com Marketing, oferecendo soluções personalizadas para os clientes e ajudando-os a alcançar seus objetivos. A empresa também se concentra em fornecer suporte pós-venda eficaz para garantir a satisfação do cliente a longo prazo.

Capítulo 8: Estratégia e Preparação para a venda

Como vendedor, você sabe que a preparação é fundamental para o sucesso na venda. Não importa quão bom você é na apresentação, se você não estiver preparado, suas chances de sucesso serão significativamente reduzidas.

A preparação é superimportante antes de vender porque ajuda a entender o que o cliente precisa e conhecer bem o que você está vendendo. Assim, você pode se comunicar de maneira clara e convencer o cliente de que ele precisa do seu produto ou serviço.

Quando você se prepara, mostra que é um profissional que se importa com o cliente e que entende do que está falando. Isso faz o cliente confiar mais em você e aumenta as chances de fechar a venda.

A preparação também ajuda a evitar erros e problemas durante a venda e a destacar as vantagens do seu produto em relação aos concorrentes. Então, não deixe de se preparar bem antes de vender!

Uma boa notícia é que a preparação para a venda é algo que você pode controlar e dominar. Aqui estão algumas dicas para ajudá-lo a se preparar para uma reunião de vendas de sucesso.

Conhecer o seu produto é a chave

Se você já trabalhou com vendas, sabe que uma das coisas mais importantes é conhecer o produto que está vendendo. Afinal, como convencer alguém a comprar algo se você não sabe quais são suas características, benefícios e diferenciais?

A preparação da venda começa com o conhecimento do produto ou serviço que está sendo vendido. É essencial que o vendedor saiba tudo sobre o que está oferecendo, desde os recursos e funcionalidades, até as vantagens em relação aos concorrentes.

Quando o vendedor conhece bem o produto, ele consegue explicar de forma clara e objetiva os seus benefícios e como ele pode ajudar o cliente a solucionar um problema ou atender uma necessidade. Além disso, o vendedor pode responder a perguntas com confiança e tranquilidade, o que gera credibilidade e segurança ao cliente.

Mas não é só o conhecimento técnico que é importante. O vendedor também precisa entender como o produto ou serviço se encaixa nas necessidades e objetivos do cliente. Para isso, ele precisa saber quais são as dores do cliente, quais são as suas expectativas e como o produto pode ajudá-lo.

Ao conhecer bem o produto, o vendedor consegue identificar melhor as necessidades do cliente e apresentar a melhor solução para ele. E isso não só aumenta as chances de fechar uma venda, mas também ajuda a criar um relacionamento de longo prazo com o cliente.

Necessidades, objetivos e desafios do cliente

Conhecer o seu cliente é essencial para ter sucesso na venda. Saber quais são as necessidades, objetivos e desafios do cliente pode ajudá-lo a entender como o produto ou serviço pode ser útil para ele, além de permitir que o vendedor crie um relacionamento de confiança.

A preparação da venda começa com a identificação do cliente ideal. Quem é o seu público-alvo? Quais são as características demográficas, comportamentais e psicológicas desse público?

O que ele precisa e como ele se comporta? Todas essas perguntas precisam ser respondidas para que o vendedor possa entender melhor como atingir e vender para esses clientes.

Além disso, é importante que o vendedor esteja preparado para lidar com diferentes tipos de clientes, cada um com suas próprias necessidades e preferências.
Por exemplo, um cliente mais técnico pode precisar de mais informações e dados para tomar uma decisão, enquanto um cliente mais emocional pode se sentir mais inclinado a comprar se houver um forte apelo emocional.

Outro aspecto importante da preparação da venda é entender os hábitos de compra do seu cliente. Como ele prefere ser abordado? Ele gosta de uma abordagem mais direta ou mais sutil? Quais são as suas preferências de comunicação? Essas informações podem ajudar o vendedor a adaptar a sua abordagem de vendas para cada cliente em particular.

Ao conhecer o cliente e entender suas necessidades e preferências, o vendedor pode adaptar a sua abordagem de vendas para ser mais eficaz. Ele pode destacar os benefícios do produto que são mais relevantes para o cliente, apresentar o produto de forma que responda às suas necessidades específicas, e abordar objeções de venda de uma forma mais assertiva e personalizada.

Comunicação Efetiva: A Chave para uma Preparação de Vendas de Sucesso

Quando se trata de vendas, uma das coisas mais importantes é saber como se comunicar efetivamente com o cliente.
A preparação da venda não é apenas sobre conhecer o produto e o cliente, mas também sobre como transmitir a mensagem de venda de forma clara e persuasiva.

A primeira etapa para uma comunicação efetiva é entender a linguagem do seu cliente. Cada cliente tem um estilo de comunicação diferente, e é importante que o vendedor seja capaz de se adaptar a ele.

Alguns clientes preferem uma abordagem mais formal, enquanto outros preferem algo mais casual e descontraído. Saber como o cliente se comunica pode ajudar o vendedor a criar uma conexão mais forte e transmitir a mensagem de venda de forma mais eficaz.

Outra parte importante da preparação da venda é saber como criar uma apresentação de vendas efetiva. Uma boa apresentação deve destacar os benefícios do produto ou serviço, e explicar como ele pode ajudar o cliente a solucionar um problema ou atender a uma necessidade específica. Além disso, a apresentação deve ser adaptada ao cliente e mostrar como o produto se encaixa nas suas necessidades e objetivos.

Um outro aspecto da comunicação é a escuta ativa. É essencial que o vendedor saiba ouvir o cliente, entender suas necessidades e preocupações, e responder de forma adequada. Isso pode ajudar a criar um relacionamento de confiança e tornar a venda mais efetiva.

Por fim, é importante lembrar que a comunicação não é apenas verbal. A linguagem corporal e a expressão facial do vendedor também são importantes na comunicação efetiva. Um vendedor confiante, que faz contato visual e tem uma postura aberta, pode transmitir uma sensação de segurança e profissionalismo que pode ser decisiva na hora da venda.

A preparação da venda envolve uma comunicação efetiva com o cliente.

Isso inclui entender a linguagem do cliente, criar uma apresentação de vendas efetiva, praticar a escuta ativa, e usar a linguagem corporal para transmitir confiança e profissionalismo. Quando o vendedor se comunica de forma efetiva, ele pode aumentar suas chances de sucesso na venda e criar um relacionamento duradouro com o cliente.

Preparação para a venda: Como se preparar para impressionar seu cliente desde a pesquisa até a apresentação persuasiva

Pesquise sobre o cliente: A primeira coisa que você precisa fazer é fazer uma pesquisa completa sobre o cliente. Conheça sua empresa, seus desafios e suas necessidades. Isso ajudará a personalizar sua apresentação e a torná-la mais relevante para o cliente. Além disso, você pode usar essa informação para estabelecer uma conexão com o cliente e mostrar que você está realmente interessado em suas necessidades. É importante lembrar que, quanto mais você souber sobre o cliente, mais fácil será para você encontrar uma solução para suas necessidades.

Prepare seus materiais: Certifique-se de ter todos os materiais necessários para a reunião de vendas, incluindo folhetos, apresentações, amostras e outros materiais relevantes. Certifique-se de que eles estejam atualizados e bem-organizados. Seu material deve ser claro, conciso e fácil de entender. Além disso, você deve ter uma boa compreensão de como usar esses materiais de forma eficaz durante a reunião. É importante ter materiais que sejam visuais e atraentes, pois isso pode ajudar a mantê-lo interessado durante a reunião.

Defina objetivos claros: Determine claramente o que você espera alcançar com a reunião de vendas.

É importante ter objetivos claros para que você possa se concentrar e alcançá-los durante a reunião. Se você não sabe exatamente o que quer alcançar, é muito fácil se perder e ficar desencorajado. Alguns exemplos de objetivos claros incluem: fechar uma venda, obter uma oferta específica ou estabelecer uma relação com o cliente. É importante ter objetivos realistas e alcançáveis, pois isso ajudará a mantê-lo motivado durante a reunião.

Prepare-se mentalmente: A preparação mental é tão importante quanto a preparação física. Mantenha-se positivo e confiante, e lembre-se dos seus objetivos.
Se você estiver se sentindo cansado ou estressado, tome um momento para se acalmar antes da reunião. Algumas dicas para se preparar mentalmente incluem: meditação, respiração profunda, visualização positiva e exercícios de afirmação. É importante manter uma atitude positiva e confiante durante a reunião, pois isso ajudará a criar uma conexão com o cliente e a tornar a apresentação mais eficaz.

Conheça seu produto ou serviço: Para vender com sucesso, você precisa ter uma boa compreensão do produto ou serviço que está vendendo. Conheça as vantagens e desvantagens, assim como as limitações e habilidades. Além disso, esteja preparado para responder a perguntas técnicas e táticas. Quanto mais você souber sobre o que está vendendo, mais confiante você será durante a reunião. É importante estar familiarizado com o produto ou serviço que você está vendendo, pois isso ajudará a tornar a apresentação mais convincente e a fechar a venda.

Analise a concorrência: É importante conhecer a concorrência e entender como eles estão vendendo seus produtos ou serviços. Isso ajudará a identificar as oportunidades e ameaças no mercado e ajudará a diferenciar seu produto ou serviço da concorrência.

Além disso, você pode usar essa informação para responder a perguntas do cliente sobre por que escolher seu produto ou serviço em vez de outro. É importante conhecer a concorrência para que você possa apresentar seu produto ou serviço de forma mais eficaz e destacar suas vantagens em comparação com a concorrência.

Crie uma apresentação persuasiva: Uma vez que você tenha se preparado adequadamente, é hora de criar uma apresentação persuasiva. Sua apresentação deve ser clara, concisa e fácil de entender. Além disso, deve ser personalizada para o cliente e mostrar como seu produto ou serviço atende às suas necessidades.
Utilize exemplos e histórias para ilustrar seus pontos e mantenha o cliente envolvido e interessado. É importante criar uma apresentação que seja atrativa e memorável para o cliente, de modo a aumentar as chances de sucesso na venda.

Exemplo de Sucesso: Indústria de Fertilizantes

A Empresa fictícia GrainGrowth é uma indústria de fertilizantes que vende seus produtos para comunidades de agricultores. Eles seguem rigorosamente os passos de preparação para a venda descritos acima e têm tido sucesso constante em fechar vendas de sucesso. Aqui está como eles fazem isso:

Pesquisa sobre o cliente: O time de marketing da GrainGrowth sempre faz uma pesquisa completa sobre a comunidade de agricultores para entender antes de uma reunião de vendas. Passam para você os melhores Leads para evoluir, ou seja, tocam a bola para você fazer o gol. O vendedor borbulhante de ideias não fica atrás, ele descobre tudo o que pode sobre o cliente, incluindo seus desafios e necessidades agrícolas, e usam essas informações para personalizar sua apresentação.

Preparação de materiais: O vendedor se certifica de ter todos os materiais necessários para a reunião de vendas, incluindo folhetos, apresentações e amostras de seus fertilizantes. Eles também se esforçam para manter seus materiais atualizados e bem-organizados. Como trata-se de uma comunidade de agricultores ele sabe os jargões e prepara o material com o intuito de criar um ambiente favorável.

Definição de objetivos claros: Premissa básica para o vendedor é escalonar sua meta. A GrainGrowth tem definido claramente um plano de vendas e sabe o que espera alcançar com aquela região. O vendedor tem os objetivos claros em mente, sabendo a quantidade, produto e valor que deve alcançar.

Preparação mental: O vendedor se concentra na preparação mental antes da reunião de vendas. Como está um pouco ansioso ele usa técnicas de respiração e meditação para se concentrar e ficarem calmos antes da reunião. Revisa mentalmente o passo a passo e ganha confiança.

Conhecimento do produto ou serviço: O vendedor tem uma boa compreensão de seus fertilizantes e está preparada para responder a perguntas técnicas e táticas sobre eles. Está pronto para destacar as vantagens em relação à concorrência, e a fazer recomendações mais informadas.

Análise da concorrência: O vendedor sempre analisa a concorrência e entende como outras indústrias de fertilizantes estão vendendo seus produtos. Isso ajuda a identificar as oportunidades e ameaças no mercado e a diferenciar seus fertilizantes da concorrência.

Apresentação persuasiva: O vendedor cria uma apresentação persuasiva personalizada para cada comunidade de agricultores. Eles usam exemplos e histórias de sucesso de agricultores que usam seus fertilizantes para ilustrar seus pontos. Esses "causos" mantêm a comunidade de agricultores envolvida e interessada durante toda a reunião, levando-os a criar empatia e envolvimento. Ao final da reunião, o vendedor fecha uma venda de sucesso para a comunidade de agricultores. Bingo!

Se você quer ter sucesso na venda, tem que se preparar direito antes da reunião. Isso significa fazer sua lição de casa sobre o cliente, ter todos os materiais certos e prontos, ter objetivos claros na cabeça, se sentir confiante e positivo, saber tudo sobre o produto ou serviço que você está vendendo, estar por dentro da concorrência e ter uma apresentação que convença o cliente. É assim que você consegue fechar uma venda de sucesso. O exemplo da indústria de fertilizantes e da comunidade de agricultores mostra como a preparação certa pode levar a resultados incríveis.

Capítulo 9: Comunicação

Tony Robbins é um coach e palestrante motivacional de renome mundial que há décadas ajuda pessoas a alcançar seus objetivos e a vencer desafios pessoais e profissionais. Robbins é conhecido por sua habilidade em motivar as pessoas, e é um dos principais expoentes da chamada "psicologia do sucesso". Além de palestrante e escritor, ele também é um empreendedor de sucesso e fundou diversas empresas relacionadas a treinamentos, coaching e desenvolvimento pessoal.

Uma das principais habilidades de Tony Robbins como vendedor é a sua capacidade de se conectar com as pessoas. Ele é extremamente carismático e empático, o que o ajuda a criar uma relação de confiança com seu público. Ele também é um grande comunicador, capaz de transmitir ideias complexas de forma clara e inspiradora. Robbins utiliza técnicas de venda em suas apresentações e workshops, mostrando aos participantes como eles podem aplicar os conceitos que ele ensina em suas vidas e carreiras.

Outra habilidade de Robbins como vendedor é a sua capacidade de motivar equipes de vendas. Ele é um dos principais especialistas em vendas e marketing do mundo, e já ajudou milhares de empresas e empreendedores a alcançar resultados extraordinários. Robbins utiliza técnicas de PNL (Programação Neurolinguística) e outras técnicas de persuasão para ajudar as equipes de vendas a se motivarem e a atingirem suas metas.

Em resumo, Tony Robbins é um exemplo de grande comunicador que é também um ótimo vendedor.

Sua habilidade em conectar com as pessoas, transmitir ideias com clareza e motivar equipes de vendas o tornam uma referência no mundo das vendas e do desenvolvimento pessoal. Ele é um exemplo a ser seguido por todos aqueles que buscam se tornar vendedores de sucesso.

O poder da comunicação não verbal nas vendas

A comunicação não verbal é uma ferramenta poderosa que pode influenciar a percepção do cliente sobre o vendedor e sobre o produto que está sendo vendido. Mesmo que as palavras utilizadas sejam as corretas, a maneira como o vendedor se apresenta, seus gestos, expressões faciais e postura, pode dizer muito mais do que as palavras.

Um vendedor que está sempre olhando para o relógio, com os braços cruzados ou com o tom de voz monótono pode passar uma imagem de desinteresse e falta de comprometimento com o cliente. Por outro lado, um vendedor que mantém contato visual, tem uma postura aberta e demonstra entusiasmo e interesse pode criar uma conexão emocional com o cliente, aumentando suas chances de fechar a venda.

Outro aspecto importante da comunicação não verbal é a capacidade de adaptar a linguagem corporal de acordo com o perfil do cliente. Um cliente mais introvertido, por exemplo, pode se sentir intimidado por um vendedor que é muito extrovertido e expressivo. Nesse caso, um vendedor que adota uma postura mais tranquila e se comunica de forma mais sutil pode ser mais eficaz em transmitir confiança e criar uma conexão.

Um ponto a ser lembrado é que a comunicação não verbal não é apenas sobre a postura e as expressões faciais do vendedor, mas também sobre a maneira como o produto é apresentado.

Uma vitrine bem montada e organizada, por exemplo, pode transmitir uma imagem de profissionalismo e qualidade que influencia positivamente a percepção do cliente sobre o produto.

Portanto, na área de vendas, a comunicação não verbal é uma ferramenta essencial para construir a imagem da empresa, criar uma conexão emocional com o cliente e influenciar sua percepção sobre o produto.
É importante que os vendedores estejam cientes desse poder e utilizem essa ferramenta de maneira eficaz para aumentar suas chances de sucesso nas vendas. A comunicação é a chave para fazer uma venda bem-sucedida. É importante que você saiba se comunicar de maneira clara e eficaz para ajudar o cliente a entender como sua solução pode resolver seus problemas.

Comunicando-se como um campeão

O primeiro passo é escutar ativamente. Isso significa prestar atenção ao que o cliente está dizendo e fazer perguntas claras para entender melhor suas necessidades. Deixe o cliente falar e expressar suas preocupações. Quanto mais você escutar, mais você entenderá sobre o cliente e poderá ajudá-lo de maneira eficaz.

Depois de escutar, é hora de fazer perguntas eficazes. Perguntas objetivas ajudam a obter informações importantes sobre o cliente e suas necessidades. Evite perguntas fechadas que possam limitar a conversa e, em vez disso, faça perguntas abertas que permitam que o cliente fale livremente. E evite perguntas óbvias que o cliente já tenha respondido.

Agora é hora de apresentar soluções. Explique como sua solução pode resolver os problemas do cliente e melhorar sua vida.

Destaque os diferenciais da sua solução em relação à concorrência. Se você apresentar soluções de maneira clara e persuasiva, ajudará o cliente a entender como sua solução pode atender às suas necessidades.

Mantenha o controle da conversa. Mantenha a conversa positiva, responda às perguntas e preocupações do cliente e garanta que a venda esteja progredindo de maneira positiva. Evite conversas desviadas e mantenha o foco na solução e nas necessidades do cliente. Mantenha uma postura positiva e profissional durante toda a venda.

Lembre-se que a comunicação não se limita apenas ao tempo da venda. É importante manter uma comunicação clara e eficaz com o cliente mesmo depois de fechar a venda. Isso inclui fornecer suporte ao cliente, responder às perguntas e garantir a satisfação do cliente com sua solução.
E, finalmente, não subestime o poder de uma boa comunicação interna dentro do seu time de vendas. É importante que o time de marketing e o time de vendas trabalhem juntos para garantir que a mensagem da sua empresa seja clara e consistente. Isso ajuda a criar uma imagem forte e coerente da marca, aumentando a confiança dos clientes e, consequentemente, as chances de fechar uma venda. A comunicação interna também permite que o time de vendas compartilhe informações sobre o cliente e seus desafios, o que pode ajudar a identificar soluções mais eficazes.

Não esqueça que a comunicação não é uma habilidade que você nasce sabendo, é algo que precisa ser praticado e aprimorado. Dedique tempo e esforço para melhorar suas habilidades de comunicação, seja participando de treinamentos, lendo livros sobre o assunto ou praticando com colegas e superiores.

Existem vários tipos de treinamento de comunicação para vendedores que podem ajudá-los a melhorar suas habilidades de comunicação e fechar mais vendas. Alguns dos tipos mais comuns incluem:

- Treinamento em escuta ativa: Este tipo de treinamento ensina aos vendedores como escutar ativamente os clientes, identificar suas necessidades e perguntar perguntas claras para obter mais informações.

- Treinamento em perguntas eficazes: Este tipo de treinamento ensina aos vendedores como formular perguntas claras e objetivas que ajudem a obter informações importantes sobre o cliente e suas necessidades.

- Treinamento em apresentação de soluções: Este tipo de treinamento ensina aos vendedores como apresentar soluções de maneira clara e persuasiva, destacando os diferenciais de sua solução em relação à concorrência.

- Treinamento em controle da conversa: Este tipo de treinamento ensina aos vendedores como conduzir uma conversa de maneira positiva, responder a perguntas e preocupações do cliente e garantir que a venda esteja progredindo de maneira positiva.

- Treinamento em comunicação interna: Este tipo de treinamento ensina aos vendedores como trabalhar de maneira eficaz com outros departamentos, como marketing, para garantir que a mensagem da empresa seja clara e consistente.

Estes são apenas alguns exemplos dos tipos de treinamento de comunicação para vendedores. É importante escolher o tipo de treinamento que melhor atenda às necessidades específicas do seu time de vendas para garantir que eles possam fechar mais vendas e atender às necessidades do cliente de maneira eficaz.

Aqui está um diálogo entre um vendedor de carros com boa comunicação e uma mulher com 3 filhos:

Vendedor: Olá! Como você está hoje?

Mulher: Olá! Estou bem, obrigada. Eu estou procurando por um novo carro para minha família.

Vendedor: Ótimo! Posso perguntar o que você está procurando em um carro?

Mulher: Bem, eu estou preocupada em trocar de marca e quero saber por que esse carro é melhor que os da concorrência. Além disso, quero saber o consumo de combustível e gostaria de saber mais sobre a manutenção dele. E estou curiosa sobre o mercado de usados quando quiser vender no futuro.

Vendedor: Claro, entendo completamente suas preocupações. Deixe-me começar dizendo que esse carro tem uma relação de consumo de combustível realmente boa, é um dos melhores da categoria. E a manutenção é bem simples e acessível, não vai ser um problema para você. Quanto ao mercado de usados, esse modelo tem uma ótima procura e você pode esperar obter um bom preço quando decidir vendê-lo no futuro. E em comparação com a concorrência, temos tecnologias exclusivas e um design inovador que realmente o colocam à frente. Acho que você vai adorar dirigir esse carro. Então, o que acha? Quer dar uma volta para experimentar?

Mulher: não sei... fale mais sobre a manutenção

Vendedor: Claro! A manutenção é super fácil nesse carro. Temos uma rede de concessionárias espalhadas por todo o país, então sempre temos uma perto de você. Além disso, nossos técnicos são altamente capacitados e usam as melhores ferramentas e peças para manter o carro em ótimas condições. E se você precisar de alguma coisa, nós temos uma garantia de 3 anos, então você estará protegida.

Mulher: isso me atende. E quanto ao consumo de combustível?

Vendedor: Este carro tem um motor híbrido, então você vai economizar muito no combustível. Além disso, ele foi projetado para ser eficiente e econômico, então você vai poupar dinheiro a longo prazo.

Mulher: E quanto ao mercado de usados?

Vendedor: Me diga mais sobre sua preocupação, o que te assusta?

Mulher: Bem, eu só quero ter certeza de que posso obter um bom preço quando decidir vender esse carro no futuro.

Vendedor: Entendi, mas tenho uma boa notícia para você! Esse carro tem uma ótima reputação e é altamente procurado no mercado de usados. Além disso, ele mantém seu valor muito bem, então você pode esperar obter um bom preço se decidir vender no futuro. Não há nada a se preocupar, é uma compra segura.

Mulher: Humm gostei, parece realmente interessante. E quanto ao preço?

Vendedor: Nós temos algumas ótimas ofertas agora, e estamos oferecendo uma taxa de juros baixa para financiamento. Você pode negociar seu carro usado com a gente e obter um bom valor por ele.

Mulher: É não havia pensado em financiar, mas já que oferece desconto pode ser uma opção. Posso dar uma olhada nele?

Vendedor: Claro! Eu o adoraria mostrar pessoalmente todos os recursos e vantagens deste carro. Vamos lá dar uma volta nele?

Mulher: Sim, vamos! Obrigada por sua ajuda!

Vendedor: De nada, é sempre um prazer ajudar. Vamos lá e ver se esse carro é a escolha certa para você e sua família.

Garantia de fechamento? Claro que não. Sabemos que existem outras etapas a serem cumpridas, mas o vendedor com certeza mostrou interesse e interagiu conforme as boas práticas da comunicação.

Comunicação intercultural

Se você é um vendedor, sabe o quão importante é a comunicação para o sucesso das suas vendas. Mas você já parou para pensar na importância da comunicação intercultural para o seu trabalho?

Com a globalização e a diversidade cada vez maior nos ambientes de trabalho, é comum que você se depare com clientes de diferentes culturas e níveis hierárquicos. E a maneira como você se comunica com cada um deles pode ser um grande diferencial para o sucesso das suas vendas.

Por exemplo, imagine que você precisa vender um produto para uma empresa que tem desde funcionários do chão de fábrica até o CEO. Se você se comunicar com cada um deles da mesma forma, é possível que a sua mensagem não seja compreendida da maneira que você gostaria.

Ao se comunicar com uma pessoa do chão de fábrica, por exemplo, é importante levar em consideração que ela pode ter uma cultura e uma linguagem diferente da sua. Por isso, é importante usar uma linguagem simples e direta, e estar aberto a ouvir e a entender as necessidades desse cliente.

Já ao se comunicar com o CEO da empresa, é importante demonstrar conhecimento técnico do produto ou serviço que você está vendendo, e estar preparado para responder a perguntas mais complexas. É importante lembrar que o CEO é um tomador de decisão e, por isso, a maneira como você se comunica com ele pode influenciar diretamente o fechamento da venda.

Um bom exemplo de como a comunicação intercultural pode ser importante para um vendedor é o caso de uma empresa de software que precisava vender um produto para uma empresa na China. Os vendedores não falavam chinês e não conheciam a cultura chinesa, o que dificultava a comunicação com o cliente.

Para superar esse desafio, a empresa contratou um tradutor e um consultor em comunicação intercultural. O consultor treinou os vendedores sobre as diferenças culturais e ensinou a eles como se comunicar de forma mais efetiva com os clientes chineses. Eles aprenderam a fazer perguntas abertas, a ouvir mais e a levar em consideração as diferenças culturais na comunicação.

Com isso, a empresa conseguiu fechar uma venda de sucesso na China e, além disso, abriu novas portas para oportunidades de negócio no país.

A habilidade de comunicação intercultural é essencial para o sucesso de um vendedor em um mundo cada vez mais globalizado e diverso. Saber se comunicar com pessoas de diferentes culturas e níveis hierárquicos pode ser um grande diferencial para o sucesso das suas vendas. Ao se comunicar com cada cliente, é importante levar em consideração as diferenças culturais na linguagem e na comunicação. O caso da empresa de software mostra que investir em comunicação intercultural pode levar a um maior sucesso nas vendas e a novas oportunidades de negócio.

Concluindo, saber se comunicar é parte fundamental da venda e pode fazer toda a diferença entre fechar uma venda ou perdê-la. Escutar ativamente, formular perguntas eficazes, apresentar soluções de maneira clara e persuasiva, manter o controle da conversa e manter uma boa comunicação interna são todos elementos importantes para garantir a comunicação eficaz durante a venda.

Não subestime o poder da prática e do aperfeiçoamento constante de suas habilidades de comunicação. Dedique tempo e esforço para se tornar um comunicador eficaz e aumentar suas chances de sucesso na venda!

Capítulo 10: Ciclos de venda

Os ciclos de vendas são processos que descrevem a jornada que um cliente potencial faz até chegar a tomar a decisão de comprar. Alguns dos tipos mais comuns de ciclo de vendas incluem: Ciclo de vendas tradicional, Ciclo de vendas inbound, Ciclo de vendas outbound Ciclo de vendas B2B, Ciclo de vendas B2C, Ciclo de vendas rápido e Ciclo de vendas consultivo.

Ciclo de vendas tradicional

O ciclo de vendas tradicional é o processo padrão que as empresas seguem para vender seus produtos ou serviços. Ele começa com o reconhecimento de uma oportunidade de venda, quando a equipe de vendas identifica um potencial cliente que pode estar interessado em comprar o que a empresa tem a oferecer.

Em seguida, a equipe de vendas entra em contato com o cliente potencial para fazer uma apresentação, explicar os benefícios do produto ou serviço e responder a perguntas. Se o cliente mostrar interesse, a equipe de vendas fará uma oferta formal, que pode incluir uma proposta ou um contrato.

Se o cliente aceitar a oferta, a equipe de vendas fechará o negócio e o processo de entrega e instalação começará. Depois de concluir a entrega e instalação, a equipe de vendas mantém contato com o cliente para garantir sua satisfação e estabelecer uma relação de longo prazo.

Este é o básico do ciclo de vendas tradicional. É importante destacar que este processo pode variar de acordo com a empresa, o tipo de produto ou serviço e o mercado-alvo, mas a essência é a mesma: identificar potenciais clientes, fazer uma apresentação, fechar um negócio e manter uma relação de longo prazo com o cliente.

Ciclo de vendas inbound

O ciclo de inbound é uma abordagem de vendas que se concentra em atrair clientes potenciais para o seu negócio ao invés de procurá-los. É uma abordagem mais natural e não invasiva, que se concentra em fornecer informações valiosas aos clientes em potencial, construir relacionamentos e criar confiança antes de tentar fechar uma venda.

A ideia por trás do ciclo de inbound é que, quando as pessoas sentem que você está realmente preocupado em ajudá-las, elas estarão mais propensas a comprar de você. Além disso, as pessoas estão cada vez mais cansadas de serem constantemente interrompidas por vendas invasivas, então o ciclo de inbound é uma maneira de se destacar e ser diferente.

O ciclo de inbound geralmente começa com a geração de tráfego para o seu site ou mídias sociais, onde você pode compartilhar conteúdo valioso, como blogs, e books, webinars etc. Em seguida, você pode usar ferramentas de automação de marketing para seguir o progresso dos clientes em potencial e fornecer a eles mais informações personalizadas. Quando eles estiverem prontos para avançar, você pode então iniciar uma conversa sobre as suas soluções e como elas podem ajudá-los.

Ciclo de vendas outbound

O ciclo de outbound é uma abordagem mais direta e invasiva para vendas, onde o vendedor busca ativamente prospectar clientes potenciais através de ações como ligações, e-mails ou mensagens diretas. É uma abordagem mais antiga e tradicional, onde o objetivo é chegar diretamente ao público-alvo para oferecer seus produtos ou serviços.

Esse tipo de ciclo de vendas é usado por muitas empresas para atingir rapidamente uma grande quantidade de pessoas e gerar leads.
Mas, é importante lembrar que essa abordagem pode ser menos eficaz, já que os consumidores estão cada vez mais protegidos e desconfiados com relação às mensagens invasivas.

Por isso, é importante que o ciclo de outbound seja feito de forma estratégica e personalizada, com mensagens relevantes e uma abordagem respeitosa ao público-alvo. Caso contrário, pode haver uma rejeição ao produto ou serviço oferecido e a imagem da empresa pode ser prejudicada.

Ciclo de vendas rápido

Este modelo se concentra em agilizar o processo de vendas, com a finalidade de fechar negócios rapidamente. Ele é comum em setores como tecnologia, onde os clientes estão buscando soluções rápidas e eficientes.

O ciclo de vendas rápido é um método de vendas que se concentra em fechar negócios rapidamente. É uma abordagem mais agressiva e direta, onde o objetivo é chegar a um acordo o mais rapidamente possível.

Isso pode incluir técnicas como telemarketing, cold e mailing ou apresentações rápidas e impactantes. O objetivo é fazer com que o cliente tome uma decisão imediata, sem precisar de muita reflexão ou pesquisa.

Agora, é importante mencionar que nem sempre essa abordagem é a mais eficaz. Muitas vezes, os clientes precisam de tempo para avaliar suas opções e fazer uma escolha informada. Além disso, a pressão excessiva pode ser contraproducente e afastar potenciais clientes. Por isso, é importante equilibrar a agressividade com a empatia e o respeito pelo processo de decisão do cliente.

Mas, no geral, o ciclo de vendas rápido pode ser uma opção eficaz para empresas que precisam fechar negócios rapidamente ou para produtos ou serviços com uma demanda alta e prazo curto.
Desde que seja feito de forma ética e respeitosa, pode ser uma boa estratégia para ajudar a empresa a atingir seus objetivos de vendas.
O oposto de ciclo de vendas rápido seria o ciclo de vendas longo ou complexo. Enquanto o ciclo de vendas rápido se concentra em fechar vendas rapidamente, o ciclo de vendas longo ou complexo envolve um processo mais demorado e detalhado, que pode incluir vários contatos com o cliente, negociações e avaliações antes de uma venda ser fechada. Esse tipo de ciclo de vendas é comum em setores que vendem soluções mais caras e complexas, como tecnologia, equipamentos médicos, aviação, entre outros.

Ciclo de vendas consultivo

Este modelo se concentra em ajudar os clientes a entender suas necessidades e a encontrar a melhor solução para elas, em vez de simplesmente vender um produto ou serviço.

é um processo de vendas que se concentra em entender as necessidades do cliente de forma mais profunda e em construir uma relação de confiança com ele. Em vez de simplesmente apresentar uma solução, o vendedor trabalha com o cliente para entender seus desafios e objetivos e, juntos, chegar a uma solução que seja a melhor para ele.

É como se fosse um "conselheiro de compras". O vendedor escuta atentamente o que o cliente precisa, faz perguntas para entender melhor sua situação e, a partir daí, apresenta opções que realmente atendam às suas necessidades. O objetivo é construir uma relação de longo prazo com o cliente, em vez de simplesmente fechar uma venda rápida.

É importante lembrar que o ciclo de vendas consultivo requer paciência e habilidade de escuta ativa. O vendedor precisa ser capaz de entender as necessidades do cliente e apresentar soluções que realmente atendam a elas.
Mas, a longo prazo, a abordagem consultiva pode levar a relacionamentos de clientes mais fortes e a vendas mais sustentáveis.

Adicionalmente aos ciclos de vendas tradicionais, existem outros tipos de ciclos de vendas que são mais complexos e longos. Aqui estão alguns exemplos:

Ciclo de vendas complexo

Este tipo de ciclo de vendas é comum em empresas que vendem soluções complexas ou tecnologicamente avançadas, um exemplo empresas que vendem soluções chave na mão como a venda de uma indústria completa. Ele pode envolver muitas etapas e pode levar vários meses para ser concluído.

Ele envolve muitos passos, etapas e decisões antes de fechar uma venda.

É um processo mais elaborado e que exige muita habilidade dos vendedores, uma vez que envolve a compreensão profunda das necessidades do cliente, da concorrência e do mercado.

Esse modelo é particularmente indicado para vendas de soluções complexas, produtos caros ou serviços que requerem muita pesquisa e análise antes de serem vendidos. É importante que o vendedor tenha muita paciência, pois esse ciclo pode levar muito tempo até ser concluído.

No entanto, a vantagem desse modelo é que ele geralmente resulta em vendas de alto valor e com clientes mais satisfeitos, pois eles sentem que foram bem atendidos e compreenderam todas as opções disponíveis antes de tomar uma decisão de compra. Além disso, esse modelo também ajuda a construir relacionamentos de longo prazo com os clientes.

Ciclo de vendas longo

Este tipo de ciclo de vendas é comum em empresas que vendem soluções de longo prazo ou de alto valor. Ele pode envolver muitas etapas, incluindo demonstrações, avaliações de maturidade, negociações e implementação.

O ciclo de vendas longo é aquele em que o processo de vendas é mais demorado e requer muito mais esforço do vendedor. É como se fosse uma corrida de maratona, ao invés de uma corrida rápida. O vendedor precisa ser paciente e perseverante, pois o processo pode levar meses ou até anos para ser concluído.

Nesse ciclo, o vendedor precisa construir relacionamentos com os clientes potenciais, entender suas necessidades e desejos, e mostrar como o produto ou serviço pode atender a essas necessidades.

É preciso ter muita habilidade de comunicação, pois o vendedor precisa convencer o cliente de que ele é a escolha certa.

Esse modelo de ciclo de vendas é comum em setores como o imobiliário, onde os clientes precisam de muito tempo para decidir sobre uma compra, ou em setores que vendem produtos ou serviços caros ou complexos, como aviões ou sistemas de segurança.

Mas, mesmo com o tempo de vendas mais longo, o resultado pode ser muito gratificante. Quando o vendedor consegue fechar a venda, é porque ele construiu uma relação de confiança com o cliente e conseguiu mostrar como o produto ou serviço é a escolha certa. Além disso, o cliente é mais propenso a recomendar o produto ou serviço para outras pessoas, o que pode trazer mais oportunidades de vendas no futuro.

Ciclo de vendas B2B2C

 Este tipo de ciclo de vendas envolve a venda de produtos ou serviços para empresas que, por sua vez, vendem aos consumidores finais. É um ciclo de vendas complexo e longo que pode envolver muitos stakeholders diferentes.

Ciclo de vendas B2B2C é aquele em que a empresa vende seus produtos ou serviços diretamente ao consumidor final, mas através de uma parceria com outra empresa.

É como se fosse uma espécie de "ajuda mútua". A empresa parceira tem acesso ao público-alvo da outra e, ao mesmo tempo, a empresa que vende diretamente ao consumidor final tem acesso aos recursos da empresa parceira.

É uma estratégia interessante para alcançar novos mercados e ampliar a base de clientes. É importante escolher a parceira certa e ter clareza sobre as responsabilidades de cada uma para que a parceria dê certo e traga resultados positivos para ambas as empresas.

B2B (business-to-business) e B2C (business-to-consumer) são termos usados para descrever a natureza de uma transação comercial. B2B se refere a uma transação realizada entre duas empresas, enquanto B2C se refere a uma transação realizada entre uma empresa e um consumidor final.

A principal diferença entre as duas é o tipo de cliente que cada uma busca atender. Em uma transação B2B, a empresa vende seus produtos ou serviços para outra empresa, enquanto em uma transação B2C, a empresa vende diretamente para o consumidor final. Além disso, as estratégias de vendas e marketing, os processos de negociação e as expectativas de preço e qualidade são diferentes entre B2B e B2C.

Em uma transação B2B, as empresas tendem a ter relacionamentos de longo prazo, com muitos processos de negociação e avaliação antes de fechar uma venda.
Já em uma transação B2C, o objetivo é atrair o consumidor final com mensagens atrativas e ofertas que o incentivem a comprar imediatamente.

Ciclo de vendas Saas

Este tipo de ciclo de vendas é comum em empresas que vendem soluções baseadas em software como serviço (SaaS). Ele pode incluir demonstrações, avaliações gratuitas, assinaturas mensais ou anuais e atualizações regulares.

O Ciclo de vendas SaaS é um modelo de vendas que se concentra em software como serviço (SaaS), que é um tipo de software que é entregue e acessado através da nuvem. É uma abordagem popular para vendas, pois permite que as empresas ofereçam seus produtos a uma ampla gama de clientes, sem a necessidade de instalação ou manutenção local.

Em geral, o Ciclo de vendas SaaS começa com a identificação de um prospect, que é uma empresa ou indivíduo potencial que pode ser interessado em adquirir seu software. Em seguida, o vendedor entra em contato com o prospect para entender suas necessidades e oferecer uma demonstração do software. Se o prospect estiver interessado, o vendedor passa para a negociação e fechamento da venda.

Uma das vantagens do Ciclo de vendas SaaS é que permite aos vendedores trabalhar de forma mais eficiente, pois eles podem acessar o software de onde estiverem e fazer demonstrações remotas para os prospects. Além disso, o modelo SaaS também é escalável, o que significa que as empresas podem aumentar ou diminuir o número de assinaturas de acordo com suas necessidades.

Capítulo 11: Estratégias de Prospecção de Clientes

Estratégias de prospecção de clientes são técnicas e ações utilizadas pelas empresas para encontrar e conquistar novos clientes.

As estratégias de prospecção de clientes são de extrema importância para qualquer empresa que busca crescer e se desenvolver no mercado em que atua. A prospecção de clientes envolve a busca ativa por novos clientes, a identificação de oportunidades de negócios e a conquista de novos mercados.

Ao prospectar clientes, uma empresa pode ampliar sua base de consumidores, aumentar suas vendas e, consequentemente, gerar mais receita. Além disso, a prospecção de clientes também permite que a empresa conheça melhor o mercado em que atua e as necessidades dos clientes, o que pode levar ao desenvolvimento de novos produtos e serviços que atendam às demandas do mercado.

Outra vantagem das estratégias de prospecção de clientes é que elas permitem que a empresa se mantenha competitiva no mercado. Ao buscar novos clientes e mercados, a empresa pode expandir sua atuação e evitar a estagnação nos negócios.

No entanto, para que as estratégias de prospecção de clientes sejam efetivas, é necessário que elas sejam bem planejadas e executadas. A empresa precisa conhecer seu público-alvo e utilizar as técnicas de prospecção de clientes mais adequadas para atingir seus objetivos.

Além disso, a prospecção de clientes é um processo contínuo, que deve ser mantido mesmo após a conquista de novos clientes. É importante que a empresa mantenha um relacionamento próximo com seus clientes e esteja sempre em busca de oportunidades de negócios.

Prospecção com base em indicações

A prospecção com base em indicações é uma estratégia efetiva para expandir sua base de clientes sem gastar muito tempo e recursos. Essa estratégia utiliza os relacionamentos existentes com clientes satisfeitos para gerar novos negócios.

Uma das formas de implementar essa estratégia é oferecer um programa de indicação para clientes satisfeitos. Por exemplo, você pode oferecer um desconto ou crédito para os clientes que indicarem seus amigos, familiares ou colegas de trabalho para seus produtos ou serviços. Essa recompensa pode incentivar seus clientes a indicarem seus contatos, já que eles terão um benefício por isso.

Outra forma de incentivar a indicação de clientes é fornecer um serviço excepcional e de alta qualidade. Quando seus clientes ficam satisfeitos com seus produtos ou serviços, é mais provável que eles compartilhem essas informações com sua rede de contatos. Essa indicação pode ser ainda mais valiosa, já que é baseada em uma experiência positiva com sua empresa.

Além disso, é importante garantir que seus clientes satisfeitos estejam cientes de que você está aberto para novos negócios e que está buscando expandir sua base de clientes. Uma forma de fazer isso é enviar um e-mail personalizado para seus clientes atuais, agradecendo-os pelo negócio e incentivando-os a compartilhar suas informações com outras pessoas que possam se beneficiar de seus produtos ou serviços.

Por fim, a prospecção com base em indicações pode levar a um aumento no volume de vendas e a um crescimento consistente da sua base de clientes.

Prospecção por Correio Direto

A prospecção por correio direto é uma estratégia de marketing que pode ser utilizada por empresas de diversos setores e tamanhos. Ela consiste em enviar material promocional ou informativo via correio para potenciais clientes, com o objetivo de gerar interesse e converter esses leads em clientes.

Um exemplo prático de prospecção por correio direto é o envio de uma carta de apresentação personalizada para potenciais clientes. Essa carta pode incluir informações sobre a empresa, seus produtos ou serviços, e como eles podem beneficiar o destinatário. Para tornar a carta mais atraente e relevante, ela deve ser personalizada com o nome e outras informações do destinatário, como seu cargo ou empresa.

Outro exemplo prático é o envio de um folheto com promoções especiais ou descontos para uma lista de clientes em potencial. O folheto pode incluir imagens e descrições dos produtos ou serviços oferecidos, bem como informações de contato para a empresa. É importante que o folheto seja bem projetado e atraente para chamar a atenção do destinatário.

Uma terceira estratégia de prospecção por correio direto é o envio de um catálogo de produtos para uma lista de clientes em potencial. O catálogo pode incluir imagens e descrições de produtos, bem como informações de contato para a empresa. Essa estratégia pode ser eficaz para empresas que vendem produtos por catálogo ou que desejam atingir um público amplo com informações sobre seus produtos.

Outra opção é enviar uma carta ou folheto de agradecimento para clientes atuais, agradecendo-lhes pelo negócio e incentivando-os a indicar seus amigos e familiares para os produtos ou serviços da empresa. Essa estratégia pode aumentar a fidelidade do cliente e gerar novos leads para a empresa.

Logo, a prospecção por correio direto pode ser uma estratégia eficaz para gerar novos leads e expandir a base de clientes. É importante que a empresa personalize o material enviado e selecione uma lista de contatos adequada para maximizar a eficácia dessa estratégia. Com a execução correta, a prospecção por correio direto pode levar ao crescimento do negócio e à aquisição de novos clientes.

Como os novos clientes são recomendados por pessoas que já confiam em sua empresa, eles têm maior probabilidade de confiar em você e em seu produto. Como resultado, essa estratégia pode ajudar a estabelecer uma relação de confiança com novos clientes e levar ao crescimento contínuo dos negócios.

Cold Calling

Cold Calling, ou ligação fria, é uma estratégia de prospecção de clientes que envolve fazer chamadas telefônicas para potenciais clientes sem nenhum contato prévio ou relação estabelecida. Embora essa estratégia possa ser eficaz para gerar novos leads, ela também apresenta alguns desafios e desvantagens.

Um exemplo prático de cold calling seria um vendedor que faz chamadas para números de telefone selecionados aleatoriamente e tenta vender um produto ou serviço para a pessoa que atende à ligação.

Essa abordagem pode ser eficaz para empresas que buscam aumentar sua base de clientes rapidamente.

No entanto, há alguns prós e contras a serem considerados ao utilizar a estratégia de cold calling:

Prós:

Possibilidade de gerar novos leads rapidamente;
O contato direto pode permitir que o vendedor apresente os benefícios do produto ou serviço de forma mais clara e persuasiva.
Contras:

A maioria das pessoas não gosta de receber chamadas telefônicas não solicitadas, o que pode gerar rejeição imediata;
Muitas vezes, os vendedores enfrentam dificuldades para conseguir falar com a pessoa certa ou para que o cliente dedique tempo suficiente para ouvir a apresentação do produto ou serviço;
A estratégia de cold calling pode ser vista como invasiva e indesejada, o que pode prejudicar a imagem da empresa.

Para minimizar as desvantagens da estratégia de cold calling, é importante que as empresas segmentem sua lista de contatos com cuidado, identificando as pessoas mais propensas a estar interessadas em seus produtos ou serviços. Também é fundamental que os vendedores sejam bem treinados e preparados para lidar com objeções e argumentar persuasivamente em favor do produto ou serviço.

A estratégia de cold calling pode ser uma forma eficaz de gerar novos leads e expandir a base de clientes de uma empresa. No entanto, é importante pesar os prós e contras dessa abordagem e implementá-la com cuidado e estratégia.

Prospecção por Mídias Digitais

As plataformas digitais, como LinkedIn, Instagram e Facebook, tornaram-se ferramentas importantes para a prospecção de clientes.

Por meio dessas plataformas, é possível encontrar leads qualificados, estabelecer contato com eles e eventualmente convertê-los em clientes fiéis.

Para utilizar essas plataformas de forma eficaz, é necessário implementar estratégias específicas para cada uma delas.

LinkedIn

Com mais de 700 milhões de usuários em todo o mundo, o LinkedIn é uma das maiores plataformas de redes sociais voltadas para negócios. Para encontrar leads no LinkedIn, é necessário utilizar a busca avançada com filtros específicos, como cargo, setor e localização, para encontrar pessoas que correspondam ao perfil do público-alvo da empresa. A partir daí, é possível enviar convites de conexão personalizados e iniciar conversas para explorar possíveis oportunidades de negócios.
Outra opção é utilizar grupos do LinkedIn relacionados à área de atuação da empresa. Ao participar desses grupos, é possível se conectar com profissionais e potenciais clientes que estejam interessados nos produtos ou serviços oferecidos pela empresa.

Instagram

Com mais de 1 bilhão de usuários ativos mensais em todo o mundo, o Instagram é uma das plataformas de mídia social mais populares do mundo.

Para encontrar leads no Instagram, é possível utilizar hashtags relevantes para o nicho de mercado da empresa e encontrar publicações relacionadas ao negócio. A partir daí, é possível comentar nas publicações e iniciar uma conversa, o que pode levar a uma oportunidade de negócio.

Outra opção é utilizar o recurso de mensagens diretas (DMs) do Instagram para entrar em contato com potenciais clientes. É importante utilizar uma abordagem personalizada e direta, indicando que a empresa tem algo relevante para oferecer.

Facebook

Com mais de 2,8 bilhões de usuários em todo o mundo, o Facebook oferece diversas ferramentas para encontrar leads qualificados e expandir a base de clientes.

Uma das formas de encontrar leads no Facebook é por meio de grupos relacionados ao nicho de mercado da empresa. Ao participar desses grupos, é possível se conectar com outras pessoas que compartilham interesses semelhantes e explorar possíveis oportunidades de negócios.

Outra opção é utilizar o recurso de anúncios direcionados do Facebook. A empresa pode selecionar critérios específicos, como localização geográfica, faixa etária e interesses, para garantir que seus anúncios sejam vistos por pessoas mais propensas a se interessar pelos produtos ou serviços oferecidos.

É importante ressaltar que a prospecção de clientes por meio das plataformas digitais requer uma abordagem autêntica e personalizada.

As empresas devem focar em estabelecer conexões duradouras em vez de ser agressivas com as vendas. Além disso, é importante selecionar as plataformas e as ferramentas mais adequadas para o público-alvo da empresa e investir em uma estratégia consistente e bem planejada para obter resultados significativos.

Networking e Eventos

Os eventos, como feiras, congressos e seminários, são uma ótima oportunidade para empresas e profissionais expandirem suas redes de contatos e prospectarem novos clientes. Nesses eventos, é possível estabelecer conexões valiosas com outros profissionais, trocar ideias e informações, e explorar possíveis oportunidades de negócios.

Feiras

As feiras são eventos dedicados a apresentar e divulgar produtos e serviços de diversas empresas.
Para prospectar clientes em feiras, é importante ter um estande atraente e bem-organizado, com materiais de divulgação e amostras dos produtos ou serviços oferecidos.

Além disso, é importante interagir com os visitantes de forma positiva e eficiente. Inicie conversas, faça perguntas e mostre interesse em suas necessidades. Não se esqueça de coletar informações de contato dos visitantes interessados para poder estabelecer contato posteriormente.

Congressos

Os congressos são eventos voltados para a discussão de temas específicos. É importante participar de congressos relacionados ao nicho de mercado da empresa para encontrar potenciais clientes e parceiros de negócios.

Durante os congressos, é importante estar preparado para interagir com os outros participantes e trocar informações relevantes. Além disso, é importante participar de sessões de networking e eventos sociais para expandir sua rede de contatos e conhecer novas pessoas.

Seminários

Os seminários são eventos mais informais que podem ser utilizados para apresentar informações relevantes sobre o nicho de mercado da empresa e estabelecer conexões com outros profissionais.

Uma das formas de prospectar clientes em seminários é através da participação ativa nas discussões e debates. Ao fazer perguntas pertinentes e contribuir para as discussões, é possível se destacar entre os participantes e estabelecer conexões valiosas.

A participação em eventos, como feiras, congressos e seminários, é uma ótima estratégia de prospecção de clientes. Para obter resultados significativos, é importante investir em um estande ou participação adequados, interagir de forma positiva com os outros participantes e estar preparado para participar de sessões de networking e eventos sociais. Com essas estratégias, é possível estabelecer conexões valiosas e explorar possíveis oportunidades de negócios.

Capítulo 12: Gestão do Pipeline de Vendas

A gestão do pipeline de vendas é um processo que envolve a administração e o monitoramento das etapas do processo de vendas, desde a prospecção de clientes até o fechamento do negócio. O pipeline de vendas é uma representação visual dessas etapas, mostrando onde cada cliente em potencial está no processo de compra.

Ela é importante porque ajuda o vendedor a monitorar seu desempenho em vendas e a identificar oportunidades de negócios. Ela permite que ele saiba quais clientes em potencial estão mais propensos a comprar e em que etapa do processo de vendas eles se encontram. Isso permite que possa direcionar seus esforços de vendas de forma mais eficiente e eficaz.

Outra vantagem da gestão do pipeline de vendas é que ela ajuda a identificar gargalos no processo de vendas. Isso permite que as empresas possam identificar problemas e resolver esses problemas de forma mais rápida e eficaz.

Ela também permite que as empresas melhorem suas previsões de vendas. Ao monitorar o pipeline de vendas, as empresas podem fazer previsões mais precisas sobre a receita futura e tomar decisões estratégicas com base nesses dados.

Identificação de Leads Qualificados

A identificação de leads qualificados é uma etapa importante na gestão do pipeline de vendas. Leads qualificados são aqueles que têm mais probabilidade de se tornarem clientes, e, portanto, merecem uma atenção especial dos vendedores.

Para identificar esses leads, é necessário ter uma compreensão clara do público-alvo da empresa e das características que indicam uma maior probabilidade de compra. Algumas das características que podem indicar um lead qualificado incluem:

Comportamento de compra: os leads que têm histórico de compra ou demonstraram interesse em produtos ou serviços semelhantes são mais propensos a comprar no futuro.

Cargo e posição na empresa: leads que ocupam cargos de liderança ou decisão em suas empresas são mais propensos a ter poder de compra e a influenciar decisões de compra.

Demografia: a idade, localização e renda do lead também podem indicar uma maior probabilidade de compra.

Necessidades específicas: leads que têm necessidades específicas que podem ser atendidas pelos produtos ou serviços da empresa são mais propensos a comprar.

Ao identifica-los, é importante direcionar os esforços de vendas para esses leads e garantir que eles recebam a atenção necessária para avançar no processo de vendas.

Uma das ferramentas que podem ser utilizadas para identificar leads qualificados é o lead scoring. O lead scoring é um sistema de pontuação que utiliza dados e informações do lead para atribuir uma pontuação que indica a probabilidade de compra.

Essa pontuação ajuda a priorizar os leads mais qualificados e direcionar os esforços de vendas para eles.

Assim, a identificação de leads qualificados é uma etapa crucial na gestão do pipeline de vendas. Ao entender as características dos leads que têm maior probabilidade de compra e utilizar ferramentas como o lead scoring, é possível direcionar os esforços de vendas para os leads mais qualificados e aumentar a eficácia do processo de vendas.

Colaboração entre Vendas e Marketing

A colaboração entre as equipes de vendas e marketing é fundamental para o sucesso da gestão do pipeline de vendas. Quando as duas equipes trabalham juntas de forma eficaz, é possível gerar mais leads qualificados, aumentar as taxas de conversão e melhorar a eficiência do processo de vendas.

Para alcançar uma colaboração eficaz entre as equipes de vendas e marketing, é importante que ambas compartilhem informações e trabalhem em conjunto para atingir os objetivos da empresa. Algumas das formas de colaboração que podem ser utilizadas incluem:

- Definição de objetivos em comum: é importante que as equipes de vendas e marketing tenham objetivos em comum, como aumentar as vendas ou melhorar a eficácia do processo de vendas. Ao definir objetivos em comum, é possível alinhar os esforços de ambas as equipes e trabalhar juntas para atingi-los.

- Compartilhamento de informações: as equipes de vendas e marketing devem compartilhar informações sobre os leads e clientes, como comportamento de compra, interesses e necessidades específicas. Isso permite que as equipes trabalhem juntas para criar campanhas de marketing mais eficazes e direcionar os esforços de vendas para os leads mais qualificados.

- Definição de personas do comprador: as personas do comprador são representações fictícias do público-alvo da empresa, baseadas em características demográficas, comportamentais e psicográficas.

- Ao trabalhar juntas para definir as personas do comprador, as equipes de vendas e marketing podem entender melhor as necessidades e interesses dos clientes em potencial e direcionar os esforços de vendas e marketing de forma mais eficaz.

- Avaliação do desempenho: é importante avaliar regularmente o desempenho das equipes de vendas e marketing e fazer ajustes conforme necessário. Ao compartilhar informações sobre o desempenho e as métricas de vendas e marketing, as equipes podem trabalhar juntas para identificar áreas de melhoria e tomar decisões estratégicas para melhorar o processo de vendas.

A colaboração eficaz entre as equipes de vendas e marketing é relevante para o sucesso da gestão do pipeline de vendas. Ao trabalhar juntas para definir objetivos em comum, compartilhar informações, definir personas do comprador e avaliar o desempenho, as equipes podem melhorar a eficácia do processo de vendas e aumentar as taxas de conversão.

Definição do Processo de Vendas

A definição do processo de vendas é um passo importante na gestão do pipeline de vendas, pois estabelece uma estrutura clara e eficiente para conduzir os leads do estágio inicial de prospecção até o fechamento do negócio. Um processo de vendas bem definido ajuda a garantir que todos os membros da equipe de vendas sigam as mesmas práticas e maximizem as chances de sucesso.

Para definir o processo de vendas, é necessário identificar e estabelecer as etapas-chave que compõem o ciclo de vendas. Essas etapas podem variar de acordo com a empresa e o tipo de produto ou serviço oferecido, mas geralmente incluem:

- Prospecção: é a etapa inicial do processo de vendas, onde os vendedores identificam e entram em contato com clientes em potencial. As estratégias de prospecção podem incluir o uso de listas de contatos, redes sociais, eventos e outras formas de marketing.

- Qualificação: nesta etapa, os vendedores avaliam se os leads são adequados para o produto ou serviço oferecido e se têm potencial para se tornarem clientes. Isso envolve avaliar as necessidades do cliente, seu perfil e seu poder de decisão.

- Apresentação: após qualificar os leads, os vendedores apresentam o produto ou serviço, destacando seus recursos, benefícios e como ele pode atender às necessidades do cliente. Essa etapa pode incluir demonstrações, reuniões de vendas e apresentações de propostas.

- Objeções e negociação: nesta etapa, os vendedores lidam com possíveis objeções ou preocupações do cliente em relação ao produto ou serviço. Isso pode envolver responder a perguntas, oferecer informações adicionais ou ajustar os termos da oferta.

- Fechamento: depois de superar as objeções, os vendedores fecham o negócio, seja obtendo a assinatura de um contrato, recebendo um pedido de compra ou garantindo algum outro tipo de compromisso por parte do cliente.

- <u>Pós-venda:</u> mesmo após o fechamento do negócio, os vendedores devem continuar a se comunicar com o cliente para garantir sua satisfação e fidelidade. Isso pode incluir o fornecimento de suporte ao cliente, acompanhamento do desempenho do produto ou serviço e a busca por oportunidades de vendas adicionais.

Ao definir e implementar um processo de vendas claro e eficiente, as empresas podem melhorar a gestão do pipeline de vendas, garantir que todos os membros da equipe de vendas sigam as melhores práticas e aumentar as chances de sucesso no fechamento de negócios.

Gestão Eficiente do Tempo no Pipeline de Vendas

Uma gestão eficiente do tempo no pipeline de vendas é fundamental para otimizar a produtividade e alcançar melhores resultados. Para isso, é necessário adotar estratégias que permitam aos vendedores concentrar-se nas atividades mais importantes e garantir o uso adequado do tempo. A seguir, são apresentadas algumas dicas para melhorar a gestão do tempo no contexto do pipeline de vendas:

Definir objetivos específicos: Estabeleça metas claras e mensuráveis para as atividades de vendas, como número de contatos a serem realizados, reuniões agendadas ou propostas enviadas. Isso ajuda a manter o foco e a orientar as ações dos vendedores.

Organizar as atividades diárias: Divida o dia de trabalho em blocos de tempo dedicados a diferentes atividades, como prospecção, atendimento ao cliente, qualificação de leads e follow-up. Estabeleça uma rotina diária e tente segui-la o máximo possível.

Utilizar a tecnologia: Aproveite as ferramentas e aplicativos disponíveis para ajudar na organização e planejamento das atividades de vendas. Isso pode incluir softwares de gerenciamento de relacionamento com o cliente (CRM), aplicativos de calendário e gerenciadores de tarefas.

Priorizar tarefas: Identifique as atividades que têm maior impacto na geração de receita e priorize-as. Isso pode incluir focar em leads mais qualificados, realizar follow-ups mais eficientes ou aprimorar as habilidades de apresentação e negociação.

Estabelecer limites: Defina limites claros entre o tempo dedicado às atividades de vendas e outras tarefas, como e-mails, redes sociais ou assuntos pessoais. Evite distrações e concentre-se nas atividades que realmente importam.

Monitorar o progresso: Avalie periodicamente o desempenho em relação às metas estabelecidas e ajuste as estratégias de gestão do tempo, se necessário. Identifique quais atividades estão consumindo mais tempo do que deveriam e busque soluções para otimizar esses processos.

Capacitar a equipe de vendas: Invista no treinamento e desenvolvimento da equipe de vendas, ensinando técnicas e práticas de gestão do tempo. Isso ajudará os vendedores a se tornarem mais eficientes e a melhorar a gestão do pipeline de vendas.

Adotar essas estratégias para a gestão eficiente do tempo no pipeline de vendas permitirá que os vendedores otimizem sua produtividade e alcancem melhores resultados.

Com o tempo dedicado às atividades mais importantes e a avaliação contínua do desempenho, a equipe de vendas estará mais preparada para alcançar suas metas e garantir o sucesso nos negócios.

Autoavaliação de Desempenho na Gestão do Pipeline de Vendas

A autoavaliação de desempenho é uma ferramenta importante para os vendedores melhorarem suas habilidades e alcançarem resultados superiores na gestão do pipeline de vendas.

Quando o próprio vendedor se torna o analista de seu desempenho, ele pode identificar áreas de melhoria e ajustar suas estratégias de vendas de maneira mais eficaz. A seguir, apresentamos algumas dicas para realizar uma autoavaliação de desempenho:

- Estabeleça metas pessoais: Defina objetivos claros e mensuráveis para o seu desempenho em vendas. Essas metas podem incluir aumentar a taxa de conversão de leads, reduzir o tempo médio para fechar negócios ou aumentar o tamanho médio das vendas.

- Monitore seus indicadores de desempenho: Acompanhe de perto os indicadores-chave de desempenho (KPIs) que você escolheu para medir seu progresso em relação às metas estabelecidas. Isso permitirá que você identifique tendências e ajuste suas estratégias conforme necessário.

- Faça uma análise SWOT pessoal: Identifique seus pontos fortes, fracos, oportunidades e ameaças no contexto de vendas. Essa análise ajudará você a entender onde precisa investir tempo e esforço para melhorar seu desempenho.

- Reflita sobre suas interações com os clientes: Avalie suas habilidades de comunicação e relacionamento com os clientes. Pergunte-se se você está ouvindo ativamente, fazendo as perguntas certas e adaptando sua abordagem para atender às necessidades específicas de cada cliente.

- Identifique áreas de melhoria: Com base em sua análise de desempenho, identifique as áreas onde você precisa melhorar. Isso pode incluir habilidades de negociação, gerenciamento de tempo, organização ou conhecimento do produto.

- Elabore um plano de ação: Crie um plano de ação para abordar as áreas de melhoria identificadas. Estabeleça prazos realistas para alcançar os objetivos e defina etapas específicas para atingir cada meta.
- Busque feedback e orientação: Peça feedback de colegas, supervisores ou mentores para obter uma perspectiva externa sobre seu desempenho. Esteja aberto a críticas construtivas e use-as para aprimorar suas habilidades de vendas.

- Invista em desenvolvimento profissional: Participe de treinamentos, workshops ou cursos online para adquirir novas habilidades e aprimorar seu desempenho em vendas.

A autoavaliação de desempenho é uma estratégia valiosa para os vendedores que desejam otimizar sua gestão do pipeline de vendas. Ao estabelecer metas pessoais, monitorar os KPIs, refletir sobre as interações com os clientes e buscar feedback e orientação, os vendedores podem identificar áreas de melhoria e implementar estratégias eficazes para impulsionar suas vendas.

Uso de Ferramentas para Gerenciamento de Pipeline por Vendedores

As ferramentas de gerenciamento de pipeline desempenham um papel essencial para auxiliar os vendedores a monitorar e gerenciar suas atividades de vendas. Essas soluções ajudam a organizar e analisar informações, facilitando a tomada de decisões e a otimização do processo de vendas. Aqui estão algumas dicas para os vendedores aproveitarem ao máximo as ferramentas de gerenciamento de pipeline:

Selecione a ferramenta adequada: Pesquise e escolha uma ferramenta de gerenciamento de pipeline que melhor atenda às suas necessidades e preferências. Considere a facilidade de uso, a capacidade de integração com outros sistemas e as funcionalidades específicas que são relevantes para o seu processo de vendas.

Personalize a ferramenta: Configure a ferramenta de acordo com o seu processo de vendas e as etapas específicas do seu pipeline. Isso inclui a definição de campos personalizados, estágios de vendas e gatilhos para ações específicas.

Mantenha seus dados atualizados: Insira regularmente informações sobre leads, oportunidades e atividades de vendas na ferramenta.

A atualização constante dos dados permitirá que você acompanhe de perto o progresso de cada negócio e tome decisões informadas com base em informações precisas.

Use a ferramenta para análise de desempenho: Aproveite os recursos de análise e relatórios da ferramenta para avaliar seu desempenho e identificar tendências. Analise os KPIs, como taxa de conversão e tempo médio para fechar negócios, para determinar áreas que exigem melhorias.

Automatize tarefas sempre que possível: Utilize a automação disponível na ferramenta para agilizar processos e reduzir o tempo gasto em tarefas administrativas. Por exemplo, configure lembretes automáticos para acompanhar leads ou use modelos de e-mail para agilizar a comunicação com os clientes.

Integre a ferramenta com outros sistemas: Se possível, integre a ferramenta de gerenciamento de pipeline com outros sistemas, como software de automação de marketing ou CRM. Essa integração facilitará o compartilhamento de informações entre diferentes áreas da empresa e ajudará a garantir que todos estejam trabalhando com os mesmos dados.

Aprenda a usar a ferramenta eficientemente: Invista tempo para aprender todos os recursos e funcionalidades da ferramenta. Isso permitirá que você tire o máximo proveito da solução e otimize seu processo de vendas.

Busque suporte e treinamento: Não hesite em solicitar suporte ou treinamento adicional se você encontrar dificuldades para usar a ferramenta. A maioria dos fornecedores oferece recursos de aprendizado e suporte ao cliente para ajudá-lo a usar a solução com eficácia.

Em síntese, a adoção de ferramentas de gerenciamento de pipeline por vendedores pode trazer melhorias significativas na eficiência e nos resultados das vendas.

Selecionar a ferramenta adequada, personalizá-la, manter os dados atualizados e explorar suas funcionalidades são estratégias fundamentais para potencializar o gerenciamento do pipeline de vendas.

Capítulo 13: Fechando a venda

Neste capítulo, discutiremos como fechar a venda com sucesso. Aprenderemos como identificar sinais positivos de interesse do cliente, lidar com objecções e apresentar uma proposta clara e atraente. Também abordaremos como fechar a venda de maneira ética e profissional.

Fechar Vendas com Sucesso: Identificando os Sinais de Interesse do Cliente

A venda é um processo complexo que envolve a identificação de necessidades, a apresentação de soluções e a criação de relacionamentos duradouros com os clientes. Para ter sucesso na venda, é fundamental estar atento aos sinais de interesse do cliente e agir de forma assertiva.

Primeiramente, é importante compreender que os sinais de interesse do cliente podem variar de acordo com a personalidade e as necessidades de cada um. Alguns clientes podem ser mais expressivos e diretos, enquanto outros podem ser mais tímidos e reservados. Independentemente do comportamento do cliente, é preciso estar atento aos sinais que indicam o interesse em adquirir o produto ou serviço.

Os sinais de interesse do cliente podem incluir perguntas sobre o produto ou serviço, uma expressão positiva ou um sinal de entusiasmo.
Quando o cliente faz perguntas sobre o produto ou serviço, ele está mostrando interesse em saber mais sobre o que você tem a oferecer. Já a expressão positiva e o entusiasmo são indicativos de que o cliente está gostando do que está sendo apresentado e que está animado com a possibilidade de adquirir o produto ou serviço.

Ao identificar esses sinais, você pode avançar com confiança para o fechamento da venda. É importante lembrar que o fechamento da venda é o momento em que o cliente toma a decisão de adquirir o produto ou serviço. Portanto, é fundamental estar preparado para responder a todas as dúvidas e objecções do cliente, apresentar as vantagens do produto ou serviço e criar uma proposta atrativa.

É fundamental que você mantenha um relacionamento próximo e amigável com o cliente, pois isso aumenta as chances de fechar a venda. Ao construir um relacionamento de confiança com o cliente, você pode compreender suas necessidades e apresentar soluções personalizadas, o que aumenta as chances de fechamento da venda.

Foque no Objetivo

Você já teve algum cliente com dúvidas ou preocupações sobre o seu produto ou serviço? Isso é normal e, na verdade, pode ser uma boa coisa. Quando um cliente tem objetivos, ele está mostrando interesse no que você tem a oferecer e buscando mais informações antes de tomar uma decisão.

Mas, é importante estar preparado para lidar com esses objetivos de maneira clara e eficaz. Aqui estão algumas dicas para ajudá-lo a lidar com objetivos durante uma venda:

Ouça atentamente: Antes de responder a qualquer objetivo, é importante ouvir atentamente o que o cliente está dizendo. Preste atenção às palavras e ao tom de voz do cliente para entender suas verdadeiras preocupações.

Responda de maneira clara e eficaz: Quando responder aos objetivos do cliente, é importante ser claro e objetivo. Evite jargões técnicos ou termos complicados e apresente suas respostas de maneira simples e fácil de entender.

Seja profissional e ético: Sempre que lidar com objetivos, é importante ser profissional e ético. Evite exageros ou informações falsas e seja honesto sobre as vantagens e desvantagens do seu produto ou serviço.

Ofereça soluções: Quando responder aos objetivos do cliente, ofereça soluções e alternativas que possam ajudá-lo a superar suas preocupações. Isso mostra que você está disposto a ajudar e a construir um relacionamento de confiança com o cliente.

Lidar com objetivos durante uma venda pode ser um desafio, mas também pode ser uma oportunidade para construir relacionamentos duradouros com os seus clientes. Ao seguir essas dicas, você poderá lidar com objetivos de maneira clara, eficaz e profissional, aumentando as chances de fechar a venda com sucesso.

Fechamento

Chegou a hora de apresentar a proposta! Este é o momento decisivo da venda, onde você pode mostrar ao cliente por que o seu produto ou serviço é a escolha certa para ele. É importante ser claro e conciso ao apresentar a proposta, destacando os benefícios do produto ou serviço para o cliente.

Quando você está apresentando a proposta, é importante destacar os pontos fortes do seu produto ou serviço. Fale sobre como ele vai resolver o problema do cliente, melhorar sua vida ou torná-lo mais bem-sucedido. Seja específico e dê exemplos concretos para tornar a proposta mais atraente.

Não esqueça de oferecer opções e flexibilidade para atender às necessidades do cliente. Por exemplo, você pode oferecer diferentes opções de pagamento, pacotes de serviços ou garantias.

Isso mostra ao cliente que você está disposto a fazer o que for preciso para atender às suas necessidades e ajudá-lo a fechar negócio.

Negociação como um chef: a importância de ter as habilidades, os ingredientes e a receita certa

Negociar é como cozinhar: é preciso ter as habilidades certas, os ingredientes adequados e uma receita que funcione. Negociar estrategicamente requer uma abordagem sistemática, que leva em consideração todos os aspectos relevantes do ambiente de negociação, como as motivações das partes envolvidas, suas expectativas e necessidades, e os recursos que estão sendo negociados.

Assim como um chef trabalha com uma equipe para criar um prato que agrade ao paladar de seus clientes, o negociador deve trabalhar em conjunto com a outra parte para criar uma solução mutuamente aceitável. É importante ter habilidades em comunicação, persuasão, análise de dados e solução de conflitos, e um estilo que se adapte à situação em questão.

A interface entre as operações e o marketing é essencial para o sucesso da negociação, assim como a combinação de ingredientes de qualidade é fundamental para um prato delicioso. É preciso que as duas áreas trabalhem juntas para entender as necessidades dos clientes e criar soluções que atendam a essas necessidades.

A negociação estratégica requer uma visão sistêmica e a capacidade de identificar os fatores que afetam a negociação. É importante estabelecer uma relação de confiança com a outra parte, criando um ambiente de colaboração e solução de problemas.

Em resumo, a negociação é como um prato gourmet: é preciso ter as habilidades, os ingredientes e a receita certa para criar algo que agrade a todas as partes envolvidas. Você encontra na seção anexos uma planilha muito interessante para se organizar.

Capítulo 14: Técnicas de Fechamento de Vendas

Técnicas de fechamento de vendas são estratégias utilizadas por profissionais de vendas para persuadir e convencer os clientes a finalizar uma compra ou acordo. O fechamento de vendas é uma etapa crucial no processo de vendas, pois é o momento em que o vendedor consegue transformar um prospect ou lead em um cliente efetivo. Existem várias técnicas de fechamento, e cada vendedor pode adotar aquelas que melhor se adaptam ao seu estilo e ao contexto da venda.

Ter uma técnica de fechamento de vendas é interessante porque facilita o processo de conversão de prospects em clientes efetivos. As técnicas de fechamento ajudam os vendedores a abordar objeções, lidar com as preocupações dos clientes e, em última instância, conduzir a conversa para uma decisão de compra.

É perfeitamente possível criar sua própria técnica de fechamento de vendas personalizada. Na verdade, muitos vendedores bem-sucedidos desenvolvem abordagens únicas que se encaixam melhor em seu estilo de venda e nas necessidades de seus clientes. Para criar sua técnica personalizada, você pode considerar os seguintes passos:

Avalie suas habilidades e pontos fortes: Identifique as habilidades que você possui como vendedor e que podem ser utilizadas para convencer e persuadir os clientes. Isso pode incluir uma boa capacidade de comunicação, empatia ou habilidade para lidar com objeções.

Conheça seu público-alvo: Entenda o perfil dos seus clientes e suas necessidades, desejos e motivações. Isso ajudará a criar uma técnica de fechamento personalizada que seja relevante e eficaz para o público com o qual você trabalha.

Aprenda com técnicas existentes: Estude as técnicas de fechamento de vendas já existentes e identifique quais elementos podem ser úteis para sua própria abordagem. Adapte e combine esses elementos para criar uma técnica que se ajuste ao seu estilo e às suas necessidades.

Teste e ajuste: Aplique sua técnica de fechamento personalizada em situações reais de venda e monitore os resultados. Analise o que funcionou e o que não funcionou, e ajuste a técnica conforme necessário para melhorar sua eficácia.

Pratique e aprimore: Como qualquer habilidade, a prática leva à perfeição. Continue praticando sua técnica de fechamento personalizada, buscando feedback de clientes e colegas, e aprimorando-a com base em suas experiências e aprendizados.

Desenvolver uma técnica de fechamento de vendas customizada pode ser uma estratégia eficaz para melhorar seu desempenho nas vendas e aumentar a taxa de conversão de prospects em clientes. Não há uma abordagem única que funcione para todos os vendedores, por isso é importante encontrar a técnica que melhor se adapte ao seu estilo e às necessidades dos seus clientes.

Se você não deseja customizar sua própria técnica de fechamento de vendas, existem várias técnicas já estabelecidas que você pode adotar e adaptar ao seu estilo de venda.

Cada uma dessas técnicas possui suas próprias características e vantagens, e a escolha da técnica ideal dependerá do contexto da venda e das necessidades dos seus clientes. Estudar e praticar diferentes técnicas de fechamento é uma ótima forma de aprimorar suas habilidades e aumentar a taxa de sucesso nas vendas.

Técnica da Opção Limitada

A Técnica da Opção Limitada é uma estratégia eficaz de fechamento de vendas que envolve apresentar ao cliente duas ou mais opções de produtos ou serviços e solicitar que ele escolha entre elas. Essa técnica é baseada na ideia de que, ao limitar as opções disponíveis, o cliente se concentra na escolha entre as alternativas apresentadas, em vez de decidir se deve ou não fazer uma compra.

Ao utilizá-la, o vendedor deve garantir que as opções oferecidas sejam relevantes e atraentes para o cliente. É importante conhecer as necessidades e preferências do cliente e selecionar opções que estejam alinhadas com esses fatores. Além disso, a apresentação das opções deve ser clara e concisa, facilitando a comparação e a tomada de decisão por parte do cliente.

Um exemplo de aplicação dessa técnica pode ser um vendedor de automóveis que oferece ao cliente a escolha entre dois modelos de carros com características e preços semelhantes. Em vez de perguntar se o cliente deseja comprar um carro, o vendedor pergunta qual dos dois modelos ele prefere, direcionando a conversa para a decisão entre as opções apresentadas.

A Técnica da Opção Limitada pode ser particularmente útil em situações em que o cliente está indeciso ou enfrenta dificuldades para tomar uma decisão.

Ao simplificar o processo de decisão e reduzir o número de opções a serem consideradas, o vendedor pode ajudar o cliente a se sentir mais confiante e seguro em sua escolha, aumentando assim a probabilidade de fechar a venda.

No entanto, é importante notar que essa técnica pode não ser eficaz em todas as situações, especialmente se o cliente já tiver uma ideia clara do que deseja ou se as opções apresentadas não atenderem às suas necessidades.
Nesses casos, o vendedor deve estar preparado para ajustar sua abordagem e explorar outras técnicas de fechamento de vendas, conforme apropriado.

Técnica do Prazo

A Técnica do Prazo é uma abordagem de fechamento de vendas que visa criar um senso de urgência no cliente, incentivando-o a tomar uma decisão rápida para aproveitar uma oferta limitada no tempo. Essa técnica pode ser particularmente eficaz para impulsionar vendas quando utilizada de maneira adequada e ética.

Ao aplicar, o vendedor deve ser transparente e sincero sobre a oferta e suas condições. Isso pode incluir mencionar descontos ou promoções especiais que estão prestes a expirar, a disponibilidade limitada de um produto ou serviço, ou a possibilidade de um aumento de preço em breve. O objetivo é fazer com que o cliente perceba que, ao adiar a decisão de compra, ele pode perder a oportunidade de obter vantagens ou benefícios significativos.

Um exemplo de uso dessa técnica pode ser um vendedor de imóveis que informa ao cliente que o preço de uma propriedade está prestes a aumentar devido à alta demanda na região. Nesse caso, o vendedor enfatiza a importância de agir rapidamente para garantir o melhor preço possível.

Ao utilizar a Técnica do Prazo, é essencial que o vendedor mantenha a ética e a integridade profissional, evitando criar pressão excessiva ou manipular artificialmente a situação. A técnica deve ser empregada de forma justa e honesta, respeitando a autonomia do cliente e permitindo que ele tome uma decisão informada.

Além disso, é importante lembrar que nem todos os clientes responderão positivamente a essa abordagem.
Algumas pessoas podem se sentir pressionadas ou desconfortáveis com a ideia de tomar uma decisão rápida, enquanto outras podem preferir refletir e pesquisar mais antes de se comprometer. Nesses casos, o vendedor deve estar preparado para ajustar sua estratégia e explorar outras técnicas de fechamento de vendas conforme necessário.

Técnica da Reciprocidade

A Técnica da Reciprocidade é uma abordagem de fechamento de vendas baseada no princípio psicológico da reciprocidade, que afirma que as pessoas tendem a retribuir um favor ou um gesto positivo. Ao oferecer algo de valor ao cliente, o vendedor pode criar um senso de obrigação, aumentando a probabilidade de que o cliente tome uma decisão favorável em relação à compra.

É importante que o vendedor ofereça algo genuinamente útil e valioso para o cliente, sem esperar nada em troca.

Isso pode incluir informações relevantes e úteis, amostras grátis, consultas gratuitas, descontos exclusivos ou qualquer outro benefício que possa ser interessante para o cliente.

Um exemplo dessa técnica pode ser um vendedor que oferece uma avaliação gratuita do produto ou serviço que está tentando vender, permitindo que o cliente experimente os benefícios antes de tomar uma decisão de compra. Ao proporcionar uma experiência positiva e útil, o vendedor cria um senso de reciprocidade, encorajando o cliente a retribuir com uma compra.

Ao utilizar a Técnica da Reciprocidade, é crucial que o vendedor seja autêntico e generoso, evitando parecer manipulativo ou insincero. A intenção por trás do gesto deve ser genuinamente ajudar o cliente e agregar valor, em vez de simplesmente forçar uma venda.

Também é importante lembrar que essa técnica pode não funcionar com todos os clientes.
 Algumas pessoas podem não ser influenciadas pelo senso de reciprocidade ou podem perceber o gesto como uma tática de venda. Nesses casos, o vendedor deve estar preparado para adaptar sua abordagem e experimentar outras técnicas de fechamento de vendas, conforme necessário.

Além disso, é essencial entender que a eficácia da Técnica da Reciprocidade pode variar dependendo da cultura e do contexto em que é aplicada. Em algumas culturas, a reciprocidade pode ser vista como uma norma social importante, enquanto em outras, pode ser considerada menos relevante. Portanto, ao empregar essa técnica, é importante estar ciente das diferenças culturais e adaptar-se às expectativas e sensibilidades do cliente.

Para aumentar ainda mais a eficácia da Técnica da Reciprocidade, o vendedor pode combinar essa abordagem com outras estratégias de vendas, como a construção de relacionamentos e a personalização. Isso pode envolver estabelecer uma conexão emocional com o cliente, demonstrando empatia e entendendo suas necessidades e desejos. Dessa forma, a oferta de valor é ainda mais significativa e personalizada, aumentando a probabilidade de uma resposta positiva por parte do cliente.

Outro aspecto a ser considerado é o momento certo para aplicar a Técnica da Reciprocidade. Idealmente, o vendedor deve oferecer algo de valor logo no início do processo de vendas, estabelecendo uma relação positiva e uma dinâmica de troca desde o começo.

No entanto, também é possível usar a técnica em estágios posteriores da venda, especialmente se o cliente parecer hesitante ou indeciso. Nesses casos, um gesto de reciprocidade pode ajudar a reforçar a confiança do cliente no vendedor e na solução proposta, facilitando a tomada de decisão.

Além disso, ao aplicar a Técnica da Reciprocidade, é importante garantir que a oferta de valor seja relevante e atraente para o cliente específico.
Isso pode exigir uma pesquisa e preparação prévias por parte do vendedor, a fim de entender quais são os principais pontos de interesse do cliente e quais benefícios serão mais apreciados por ele.

É fundamental também ter em mente que a Técnica da Reciprocidade deve ser usada com moderação e responsabilidade. Se um vendedor exagerar na oferta de valor ou fizer gestos de reciprocidade com muita frequência, o cliente pode começar a questionar a motivação do vendedor ou a qualidade do produto ou serviço em questão.

Por isso, é crucial encontrar o equilíbrio certo entre ser generoso e não parecer desesperado ou insincero.

Em suma, a Técnica da Reciprocidade é uma estratégia de fechamento de vendas eficaz que pode ajudar a criar um senso de obrigação no cliente e aumentar a probabilidade de uma venda bem-sucedida.

No entanto, para maximizar seu potencial, é importante que o vendedor seja autêntico, generoso e consciente das expectativas e sensibilidades culturais do cliente.

Além disso, combinando a Técnica da Reciprocidade com outras abordagens de vendas e personalizando a oferta de valor, o vendedor pode aumentar ainda mais suas chances de sucesso e construir relacionamentos duradouros e mutuamente benéficos com seus clientes.

Técnica da Empatia

A Técnica da Empatia é uma abordagem de fechamento de vendas que envolve a criação de uma conexão emocional com o cliente, demonstrando compreensão e consideração pelos seus sentimentos, necessidades e preocupações.
Ao estabelecer essa conexão, o vendedor pode criar um ambiente de confiança e segurança que facilita a tomada de decisão do cliente e aumenta a probabilidade de uma venda bem-sucedida.
Para aplicar o vendedor esteja atento e sensível às emoções e necessidades do cliente. Isso pode envolver a escuta ativa, a observação da linguagem corporal e o uso de perguntas abertas para explorar as preocupações do cliente e identificar suas prioridades. Além disso, é importante que o vendedor demonstre empatia genuína e evite parecer forçado ou artificial.

Ao estabelecer essa conexão emocional, o vendedor deve buscar soluções e argumentos de venda que abordem diretamente as necessidades e preocupações do cliente. Isso pode incluir a personalização do produto ou serviço, a oferta de garantias ou condições de pagamento flexíveis ou a apresentação de depoimentos e estudos de caso que demonstrem o valor e a eficácia da oferta.

Um exemplo da aplicação pode ser um vendedor que, ao perceber que um cliente está preocupado com a complexidade de um software, compartilha sua própria experiência de aprendizado e oferece treinamento personalizado para ajudar o cliente a superar essa barreira.

É importante lembrar que deve ser utilizada de maneira autêntica e responsável. Tentar manipular ou explorar as emoções do cliente pode ter efeitos negativos a longo prazo e comprometer a reputação do vendedor e a confiança do cliente.

Em suma, a Técnica da Empatia é uma estratégia de fechamento de vendas poderosa que, quando aplicada de maneira genuína e ética, pode fortalecer o relacionamento entre o vendedor e o cliente e aumentar as chances de uma venda bem-sucedida.

Ao demonstrar empatia e compreensão, o vendedor pode ajudar o cliente a se sentir mais confiante e seguro em sua decisão de compra, contribuindo para uma experiência de venda mais satisfatória e duradoura para ambas as partes.

Técnica da Oferta Adicional

A Técnica da Oferta Adicional é uma estratégia de fechamento de vendas que consiste em oferecer um produto ou serviço complementar, adicional ou exclusivo ao cliente no momento do fechamento da venda principal. Esta técnica tem como objetivo tornar a oferta principal mais atraente e encorajar o cliente a tomar uma decisão de compra mais rapidamente.

Para imputar com sucesso, é importante que o vendedor identifique produtos ou serviços adicionais que sejam relevantes e de valor para o cliente, e que sejam complementares à oferta principal. Isso pode incluir, por exemplo, acessórios, garantias estendidas, pacotes de manutenção, treinamento ou suporte especializado.

Ao apresentar a oferta adicional, o vendedor deve enfatizar os benefícios e a conveniência dessa oferta para o cliente. Isso pode incluir a economia de tempo, dinheiro ou esforço, a melhoria da experiência do usuário ou a possibilidade de maximizar o retorno do investimento no produto ou serviço principal.

Um exemplo dessa técnica pode ser um vendedor de automóveis que oferece ao cliente um pacote de manutenção exclusivo ao comprar um veículo. Ao destacar os benefícios deste pacote, como economia de custos e tranquilidade, o vendedor torna a proposta de valor do veículo ainda mais atraente, incentivando o cliente a fechar a compra.

É importante lembrar que a Técnica da Oferta Adicional deve ser utilizada com cuidado e discrição. Oferecer muitos itens adicionais de uma só vez pode ser confuso e até mesmo contraproducente, fazendo o cliente se sentir sobrecarregado ou pressionado.

Além disso, é fundamental garantir que os produtos ou serviços adicionais oferecidos sejam de alta qualidade e realmente valiosos para o cliente, evitando a percepção de que se trata apenas de uma tática de venda agressiva.

Ao utilizá-la de maneira adequada e responsável, os vendedores podem aumentar a atratividade de suas ofertas principais e, assim, aumentar as chances de fechar vendas bem-sucedidas. Esta técnica também pode contribuir para a construção de relacionamentos duradouros com os clientes, ao demonstrar a preocupação do vendedor em atender às suas necessidades e fornecer soluções abrangentes e personalizadas.

Técnica do Teste de Fechamento

A Técnica do Teste de Fechamento é uma estratégia de fechamento de vendas que envolve verificar o nível de interesse e disposição do cliente para avançar no processo de compra antes de apresentar uma proposta final ou solicitar o fechamento da venda. Essa técnica ajuda a avaliar se o cliente está pronto para tomar uma decisão e identificar possíveis objeções ou preocupações que ainda precisam ser abordadas.

Para atribuir essa Técnica, o vendedor deve fazer perguntas ou declarações que indiquem a intenção do cliente de prosseguir com a compra. Essas perguntas podem ser diretas ou indiretas, dependendo do estilo de comunicação do vendedor e do cliente, e do contexto da situação de venda.

Alguns exemplos de perguntas de teste de fechamento incluem:

"Se pudéssemos resolver essa questão específica, você estaria interessado em seguir em frente com a nossa proposta?"

"Como você se sentiria em relação ao nosso produto/serviço se pudéssemos oferecer um desconto adicional?"

"Se conseguíssemos entregar o produto dentro do prazo que você deseja, isso seria suficiente para você tomar uma decisão?"

Ao fazer essas perguntas, o vendedor pode obter informações valiosas sobre a prontidão do cliente para avançar no processo de compra e identificar quaisquer preocupações remanescentes que precisam ser abordadas.

Se o cliente responder de forma positiva às perguntas do teste de fechamento, o vendedor pode sentir-se mais confiante para apresentar a proposta final e solicitar o fechamento da venda. No entanto, se o cliente expressar hesitação ou objeções, o vendedor deve estar preparado para lidar com essas preocupações e fornecer informações ou soluções adicionais para ajudar a superar essas barreiras.

Em resumo, a Técnica do Teste de Fechamento é uma ferramenta útil para avaliar a disposição do cliente em avançar no processo de compra e identificar possíveis objeções ou preocupações que precisam ser abordadas antes de solicitar o fechamento da venda. Ao aplicar essa técnica de maneira eficaz e responsiva, os vendedores podem aumentar suas chances de fechar vendas bem-sucedidas e garantir que os clientes se sintam confiantes e satisfeitos com suas decisões de compra.

Técnica do Resumo

A Técnica do Resumo é uma estratégia de fechamento de vendas que consiste em recapitular os principais pontos discutidos durante a conversa de vendas, destacando os benefícios e características do produto ou serviço oferecido.

Essa técnica ajuda a reforçar os argumentos apresentados e a fornecer ao cliente um panorama claro das vantagens de seguir em frente com a compra.

Para aplicar a Técnica do Resumo de forma eficaz, o vendedor deve:

Revisar os principais pontos abordados durante a apresentação de vendas, destacando os benefícios e características que são mais relevantes para as necessidades e desejos do cliente.

Responder a quaisquer objeções ou preocupações que o cliente possa ter levantado durante a conversa, demonstrando como o produto ou serviço oferecido pode solucionar os problemas ou atender às expectativas do cliente.

Enfatizar os aspectos únicos ou diferenciadores do produto ou serviço, mostrando como a oferta se destaca da concorrência e pode agregar valor ao cliente.

Incluir depoimentos ou estudos de caso, se disponíveis, para reforçar a confiança do cliente na solução apresentada e demonstrar o sucesso de outros clientes que já utilizaram o produto ou serviço.

Encerrar o resumo com uma pergunta ou declaração que conduza ao fechamento da venda, como "Com base no que discutimos, você acha que nossa solução é adequada para suas necessidades?" ou "Acredito que nosso produto pode realmente ajudá-lo a alcançar seus objetivos. O que você acha de seguirmos em frente com a compra?"

A Técnica do Resumo é uma ferramenta eficaz para consolidar a informação apresentada ao cliente e reforçar os argumentos de venda.

Ao utilizar essa técnica de fechamento, os vendedores podem aumentar a probabilidade de concluir vendas bem-sucedidas, garantindo que os clientes compreendam e valorizem os benefícios e características do produto ou serviço oferecido.

Técnica do Silêncio

A Técnica do Silêncio é uma abordagem de fechamento de vendas que consiste em fazer uma pausa após apresentar a proposta ou responder a objeções, dando ao cliente tempo para processar as informações e refletir sobre a decisão de compra. O silêncio pode ser uma ferramenta poderosa na negociação, pois muitas vezes o cliente preencherá o vazio com suas próprias considerações, objeções ou perguntas, proporcionando ao vendedor a oportunidade de abordar essas questões e avançar no processo de venda.

Para implementar de forma eficaz, o vendedor deve:

Apresentar a proposta de venda ou responder a objeções de maneira clara e concisa.

Fazer uma pausa e permitir que o cliente pense e reflita sobre as informações apresentadas, sem interrupções. Isso pode ser difícil para alguns vendedores, pois pode ser tentador preencher o silêncio com mais informações ou argumentos. No entanto, é essencial dar ao cliente espaço para pensar.

Prestar atenção à linguagem corporal e aos sinais verbais do cliente durante o silêncio. Isso pode fornecer informações valiosas sobre as preocupações ou objeções não expressas do cliente, que o vendedor pode abordar para facilitar o fechamento da venda.

Estar preparado para retomar a conversa e responder às perguntas ou objeções que o cliente possa apresentar após a pausa. Ao abordar essas questões de forma eficaz, o vendedor pode aumentar a probabilidade de fechar a venda.

Encerrar a conversa com uma pergunta ou declaração que conduza ao fechamento da venda, como "Com base no que discutimos, você acha que nossa solução é adequada para suas necessidades?" ou "Acredito que nosso produto pode realmente ajudá-lo a alcançar seus objetivos. O que você acha de seguirmos em frente com a compra?"

A Técnica do Silêncio permite que o cliente tome uma decisão informada e ponderada, enquanto oferece ao vendedor a oportunidade de abordar objeções e preocupações adicionais. Ao dominar essa técnica de fechamento, os vendedores podem se tornar mais eficazes em suas negociações e aumentar a probabilidade de fechar vendas bem-sucedidas.

Técnica do "Por que não?"

A Técnica do "Por que não?" é uma estratégia de fechamento de vendas que consiste em desafiar o cliente a considerar os motivos pelos quais ele não deveria avançar com a compra. Essa abordagem pode ser eficaz ao lidar com clientes indecisos, pois os incentiva a examinar suas objeções e preocupações e, ao mesmo tempo, permite que o vendedor aborde essas questões de maneira proativa.

Para fazer de forma eficaz, o vendedor deve:

Apresentar a proposta de venda de maneira clara e concisa, destacando os benefícios e características do produto ou serviço oferecido.

Perguntar ao cliente algo como: "Com base no que discutimos, você consegue pensar em algum motivo pelo qual não deveríamos seguir em frente com a compra?" Essa pergunta desafia o cliente a examinar suas objeções e preocupações e apresentá-las ao vendedor.

Ouvir atentamente as objeções ou preocupações do cliente e abordá-las de maneira eficaz, demonstrando como o produto ou serviço oferecido pode solucionar os problemas ou atender às expectativas do cliente.

Se o cliente não conseguir identificar razões concretas para não prosseguir com a compra, reforce os benefícios e vantagens do produto ou serviço e incentive-o a tomar uma decisão.

Encerrar a conversa com uma pergunta ou declaração que conduza ao fechamento da venda, como "Então, com base no que discutimos, parece que não há motivos para não avançarmos com a compra. O que você acha de seguirmos em frente?"

A Técnica do "Por que não?" é uma ferramenta eficaz para ajudar os clientes indecisos a superar suas hesitações e a tomar uma decisão de compra. Ao utilizar essa técnica de fechamento, os vendedores podem aumentar a probabilidade de concluir vendas bem-sucedidas, garantindo que os clientes compreendam e valorizem os benefícios e características do produto ou serviço oferecido.

Técnica da Assunção

A Técnica da Assunção é uma estratégia de fechamento de vendas que consiste em agir como se o cliente já tivesse decidido comprar o produto ou serviço.

O vendedor assume que a venda está fechada e passa a tratar dos próximos passos da negociação, como a entrega, a instalação ou as condições de pagamento.

Essa abordagem pode ser eficaz ao lidar com clientes que estão inclinados a comprar, mas ainda não expressaram sua decisão final.

Para aplicar a Técnica da Assunção de maneira eficaz, o vendedor deve:

Estabelecer uma relação sólida com o cliente, demonstrando conhecimento do produto ou serviço e entendendo as necessidades e expectativas do cliente.

Ao longo da negociação, destacar os benefícios e características do produto ou serviço que são relevantes para o cliente.

Em vez de perguntar diretamente se o cliente deseja comprar, passar a discutir os próximos passos, como se a decisão já tivesse sido tomada. Por exemplo, o vendedor pode dizer: "Então, quando gostaria que entregássemos o produto?" ou "Qual forma de pagamento prefere?".

Se o cliente não apresentar objeções ou levantar questões adicionais, continuar avançando com a negociação e concluir a venda.

Caso o cliente expresse hesitação ou objeções, estar preparado para abordá-las e, se necessário, retomar a conversa para esclarecer dúvidas e reforçar os benefícios do produto ou serviço.

A Técnica da Assunção pode ser uma ferramenta poderosa para fechar vendas, especialmente quando o cliente já demonstrou interesse, mas ainda não tomou a decisão final. Ao assumir que a venda está fechada e tratar dos próximos passos, o vendedor pode encorajar o cliente a se comprometer com a compra e, assim, aumentar a probabilidade de sucesso na negociação.

Técnica da Recomendação

A Técnica da Recomendação é uma abordagem de fechamento de vendas que se baseia em apresentar uma sugestão personalizada para o cliente, levando em conta suas necessidades, preferências e objetivos. O vendedor se posiciona como um consultor confiável, oferecendo uma solução específica que atenda às expectativas do cliente e demonstre o valor agregado do produto ou serviço.

Para realizar a Técnica da Recomendação com eficiência, o vendedor deve:

Construir um relacionamento sólido com o cliente, mostrando empatia e compreensão em relação às suas necessidades e desejos.

Durante a negociação, fazer perguntas abertas para identificar as expectativas do cliente, como "Quais são os principais desafios que você enfrenta?" ou "O que você espera alcançar com essa solução?".

Analisar as informações coletadas e identificar o produto ou serviço que melhor atenda às necessidades do cliente, considerando também o custo-benefício e as vantagens competitivas.

Apresentar a recomendação de maneira clara e convincente, destacando os benefícios e características do produto ou serviço que são relevantes para o cliente. Por exemplo: "Com base no que discutimos, acredito que nossa solução X seja a opção ideal para você, pois ela oferece os recursos de que você precisa e se ajusta perfeitamente ao seu orçamento".

Encerrar a conversa com uma pergunta ou declaração que direcione o cliente ao fechamento da venda, como "O que você acha dessa recomendação? Está pronto para seguir em frente com a nossa solução?".

A Técnica da Recomendação é uma estratégia eficaz para fechar vendas, pois mostra ao cliente que o vendedor compreende suas necessidades e está disposto a oferecer uma solução personalizada. Ao utilizar essa técnica de fechamento, os vendedores podem estabelecer confiança e credibilidade com os clientes, aumentando a probabilidade de concluir vendas bem-sucedidas.

Capítulo 15: Enfrentando Objeções de Clientes

Ao longo do processo de vendas, é comum que os clientes apresentem objeções sobre o produto ou serviço que está sendo oferecido. As objeções podem surgir por diversos motivos, como dúvidas sobre a qualidade, o preço, a funcionalidade ou a relevância da solução proposta. Para ser bem-sucedido nas vendas, é crucial saber como lidar com essas objeções e transformá-las em oportunidades de reforçar os benefícios e o valor agregado do produto ou serviço.

Aqui está o segredo desvendado através de Técnicas Matadoras para quebrar a objeção:

- Técnica da Escuta Ativa
- Técnica da Pergunta de Clarificação
- Técnica da Antecipação de Objeções
- Técnica da Demonstração do Valor
- Técnica da Prova Social
- Técnica da Compensação
- Técnica da Apresentação do Concorrente
- Técnica da Opção de Compra Alternativa
- Técnica da Demonstração de Produtos por tempo limitado

Técnica da Escuta Ativa

A Técnica da Escuta Ativa é uma habilidade essencial para enfrentar objeções de clientes de forma eficaz. Essa abordagem envolve ouvir atentamente o que o cliente está dizendo, demonstrar empatia e compreensão, e responder de maneira adequada e assertiva.

A escuta ativa permite que o vendedor identifique a raiz das preocupações do cliente e ofereça soluções personalizadas para superá-las.

Para aplicá-la ao lidar com objeções, siga estas etapas:

Preste atenção: Foque completamente no cliente enquanto ele expressa suas preocupações. Evite distrações e mantenha contato visual para demonstrar seu interesse e respeito.

Não interrompa: Permita que o cliente fale sem interrupções, mesmo que você já saiba a resposta ou solução para a objeção apresentada. Interromper o cliente pode gerar frustração e criar uma barreira na comunicação.

Demonstre empatia: Reconheça e valide os sentimentos do cliente, mostrando que você compreende suas preocupações. Use expressões como "Entendo suas preocupações" ou "Sei que isso é importante para você".

Parafraseie e confirme: Repita, com suas próprias palavras, o que o cliente acabou de dizer, para garantir que você entendeu corretamente a objeção. Peça ao cliente para confirmar se você captou a mensagem corretamente.

Faça perguntas abertas: Incentive o cliente a fornecer mais informações sobre a objeção, fazendo perguntas abertas como "Você pode me dar mais detalhes sobre isso?" ou "O que exatamente está causando essa preocupação?".

Responda de forma adequada: Depois de compreender completamente a objeção, apresente uma resposta ou solução que aborde a preocupação do cliente de maneira eficiente e convincente.

A Técnica da Escuta Ativa é uma ferramenta poderosa para lidar com objeções de clientes, pois permite que o vendedor estabeleça uma conexão genuína e compreenda as necessidades e preocupações do cliente. Ao dominar essa técnica, os vendedores estarão mais bem preparados para enfrentar objeções e conduzir os clientes rumo ao fechamento bem-sucedido da venda.

Técnica da Pergunta de Clarificação

A Técnica da Pergunta de Clarificação é uma abordagem eficiente para enfrentar objeções de clientes. Essa técnica consiste em fazer perguntas específicas que ajudam a esclarecer a natureza da objeção, proporcionando uma melhor compreensão das preocupações do cliente e permitindo que o vendedor ofereça soluções adequadas.

Para utilizar a Técnica da Pergunta de Clarificação ao lidar com objeções, siga os passos abaixo:

Ouça atentamente: Preste total atenção ao cliente enquanto ele expõe suas objeções. Isso permitirá que você identifique os postos-chave que precisam ser esclarecidos.

Peça mais informações: Depois que o cliente terminar de apresentar a objeção, faça perguntas abertas e específicas para obter mais informações sobre o problema. Exemplos de perguntas podem ser: "Você poderia me explicar melhor o que o preocupa em relação ao preço?" ou "Poderia me dar mais detalhes sobre as suas preocupações com a implementação do produto?"

Confirme a compreensão: Repita, com suas palavras, o que o cliente disse e verifique se você entendeu corretamente a objeção. Isso demonstra que você está prestando atenção e se importa com as preocupações do cliente.

Responda com base na informação adicional: Depois de obter uma compreensão mais clara da objeção, apresente uma resposta ou solução que aborde as preocupações do cliente de forma eficaz e convincente. Lembre-se de utilizar as informações adicionais coletadas durante o processo de clarificação para personalizar sua resposta.

Verifique a satisfação do cliente: Após oferecer uma solução, pergunte ao cliente se ele se sente satisfeito com a resposta e se a objeção foi resolvida. Isso permitirá que você ajuste sua abordagem, caso seja necessário.

A Técnica da Pergunta de Clarificação é uma ferramenta útil para enfrentar objeções de clientes, pois ajuda a garantir que você compreenda totalmente a natureza das preocupações do cliente. Ao empregar essa técnica, os vendedores podem responder de forma mais efetiva às objeções e aumentar suas chances de fechar uma venda bem-sucedida.

Técnica da Antecipação de Objeções

A Técnica da Antecipação de Objeções é uma abordagem estratégica utilizada para enfrentar objeções de clientes antes mesmo que elas sejam expressas. Essa técnica permite que o vendedor reconheça as possíveis preocupações do cliente e as aborde de forma proativa durante a apresentação do produto ou serviço, o que pode aumentar a confiança do cliente e facilitar o fechamento da venda.

Para realizar a Técnica da Antecipação de Objeções, siga as seguintes etapas:

Identifique objeções comuns: Com base na sua experiência e conhecimento do seu produto ou serviço, liste as objeções mais frequentes que os clientes podem apresentar. Essas objeções podem estar relacionadas ao preço, qualidade, funcionalidades, entre outros aspectos.

Prepare-se para abordá-las: Desenvolva respostas bem fundamentadas para cada objeção identificada. Certifique-se de que as soluções oferecidas sejam convincentes e baseadas em fatos. Treine suas respostas para que elas sejam apresentadas de forma clara e persuasiva.

Integre as respostas na sua apresentação: Durante a apresentação do produto ou serviço, inclua informações e argumentos que abordem proativamente as objeções identificadas. Por exemplo, se o preço costuma ser uma objeção comum, explique o valor agregado do produto e como ele justifica o custo.

Observe a reação do cliente: Fique atento à linguagem corporal e às expressões faciais do cliente para identificar sinais de possíveis objeções. Essa observação permitirá que você aborde as preocupações antes mesmo de serem verbalizadas pelo cliente.

Verifique se as objeções foram sanadas: Após apresentar as informações e argumentos pertinentes, questione o cliente se suas preocupações foram esclarecidas e se há alguma objeção adicional. Essa atitude demonstra empatia e preocupação em resolver as inquietações do cliente.

A Técnica da Antecipação de Objeções é uma abordagem eficaz para enfrentar objeções e aumentar a probabilidade de sucesso nas vendas. Ao abordar proativamente as preocupações do cliente, o vendedor demonstra conhecimento do produto ou serviço e confiança na sua capacidade de atender às necessidades do cliente.

Técnica da Demonstração do Valor

Ao lidar com objeções de clientes, é crucial mostrar como o produto ou serviço oferecido pode agregar valor às suas vidas. A Técnica da Demonstração do Valor consiste em ressaltar os benefícios da solução e conectá-los às necessidades do cliente.

Nesta abordagem, siga os passos abaixo:

Conheça as expectativas do cliente: Descubra o que o cliente busca e quais são suas necessidades. Faça perguntas e preste atenção às respostas. Dedique tempo para compreender o contexto do cliente, incluindo seu histórico, preferências e objeções anteriores.

Destaque as vantagens: Relacione os benefícios do produto ou serviço às necessidades do cliente, mostrando como a solução pode atendê-las. Descreva as funcionalidades e características exclusivas que tornam a solução ideal para o cliente.

Apresente casos de sucesso: Utilize histórias reais e exemplos de clientes satisfeitos para evidenciar a eficácia do produto ou serviço. Mostre como outras pessoas enfrentaram problemas semelhantes e obtiveram sucesso ao optar pela solução proposta.

Faça demonstrações: Sempre que possível, permita que o cliente veja, toque ou experimente a solução pessoalmente. As demonstrações práticas ajudam a criar uma conexão emocional com o produto ou serviço, aumentando a percepção do valor.

Contraste com a concorrência: Quando o cliente mencionar objeções relacionadas a soluções concorrentes, explique as vantagens e diferenciais do seu produto ou serviço em relação às outras opções. Mostre como a solução proposta é superior e atende melhor às necessidades do cliente.

Verifique a compreensão do cliente: Após abordar os benefícios e o valor do produto ou serviço, certifique-se de que o cliente entendeu as informações e teve suas objeções superadas. Esteja disposto a esclarecer dúvidas adicionais e a fornecer informações complementares.

Ofereça suporte e garantias: Demonstre que a empresa estará disponível para prestar assistência e garantir a satisfação do cliente após a venda. A confiança no pós-venda é um fator essencial para convencer o cliente a investir na solução.

Seja flexível e adaptável: Cada cliente é único, e suas necessidades podem variar. Esteja preparado para adaptar sua abordagem e personalizar a apresentação do valor de acordo com o perfil e as preferências do cliente.

Acompanhe o cliente: Mantenha contato com o cliente após a venda, certificando-se de que ele está satisfeito e pronto para fornecer referências ou testemunhos positivos.

Ao aplicar a Técnica da Demonstração do Valor, o vendedor pode mostrar como a solução oferecida traz resultados positivos para o cliente, aumentando a probabilidade de concretizar a venda e estabelecer um relacionamento duradouro. Essa abordagem ajuda a superar objeções e a construir confiança, fortalecendo a parceria entre o vendedor e o cliente.

Técnica da Prova Social

Ao enfrentar objeções de clientes, a Prova Social é uma ferramenta poderosa para conquistar a confiança deles. A técnica consiste em apresentar evidências do sucesso e da satisfação de outros clientes, reforçando a eficácia do produto ou serviço. A seguir, estão algumas etapas para aplicar a Prova Social ao lidar com objeções:

Colete depoimentos: Solicite aos clientes satisfeitos que compartilhem suas experiências positivas com o produto ou serviço. Esses depoimentos podem ser escritos, em vídeo ou mesmo em áudio.

Exiba avaliações e classificações: Mostre ao cliente em potencial as avaliações e classificações de seu produto ou serviço em plataformas relevantes, como redes sociais, sites de comércio eletrônico e outras plataformas de análise.

Apresente estudos de caso: Crie estudos de caso detalhados que demonstrem o sucesso de outros clientes, ilustrando como o produto ou serviço solucionou problemas semelhantes aos enfrentados pelo cliente em potencial.

Divulgue números e estatísticas: Use dados quantitativos para mostrar o sucesso do produto ou serviço. Por exemplo, revele o número de clientes que se beneficiaram da solução, a taxa de satisfação do cliente e os resultados alcançados.

Compartilhe histórias de sucesso: Narre histórias de sucesso de clientes que superaram desafios e obtiveram resultados expressivos usando o produto ou serviço. Essas histórias podem ser contadas verbalmente durante a apresentação ou disponibilizadas em material impresso ou digital.

Utilize influenciadores e especialistas: Se possível, compartilhe opiniões e recomendações de especialistas da indústria ou influenciadores relevantes que endossam o produto ou serviço.

Exiba certificações e prêmios: Apresente certificações, prêmios e reconhecimentos que o produto ou serviço recebeu, destacando sua qualidade e eficácia.

Promova a interação entre clientes: Encoraje o cliente em potencial a conversar com outros clientes satisfeitos, se apropriado. Essa interação pode ocorrer por meio de eventos, grupos de discussão ou fóruns online.
Aproveite as redes sociais: Utilize as redes sociais para compartilhar depoimentos, avaliações e histórias de sucesso. Essa estratégia aumenta a visibilidade e a credibilidade do produto ou serviço.

Ao empregar a Prova Social, o vendedor pode superar objeções e criar uma conexão emocional com o cliente, mostrando que outros já obtiveram sucesso com a solução proposta. Esta técnica é fundamental para estabelecer confiança e aumentar a probabilidade de fechar a venda.

Técnica da Compensação

A Técnica da Compensação é um método eficiente para lidar com as objeções de clientes, focando em enfatizar os benefícios e vantagens do produto ou serviço que podem superar ou compensar as preocupações levantadas pelo cliente.

Essa técnica é especialmente útil em situações em que o cliente pode ter dúvidas ou hesitações, mas ainda está interessado no que está sendo oferecido. Vejamos em detalhes como aplicar a Técnica da Compensação:

Estabeleça um relacionamento sólido: Antes de apresentar a técnica da compensação, é crucial estabelecer um bom relacionamento com o cliente. Escute atentamente suas preocupações e demonstre interesse genuíno em ajudá-lo. Isso criará uma base sólida para a aplicação da técnica.

Identifique a objeção: Para aplicar a Técnica da Compensação, primeiro é necessário identificar a objeção levantada pelo cliente. Isso pode ser feito através de perguntas abertas e diretas, como "Quais são suas principais preocupações?" ou "O que está impedindo você de tomar uma decisão?".

Valide a preocupação: Depois de identificar a objeção, valide a preocupação do cliente, mostrando empatia e compreensão. Isso ajudará a construir confiança e demonstrará que você está disposto a trabalhar em conjunto para encontrar soluções.

Apresente os benefícios: Em seguida, apresente os benefícios do produto ou serviço que compensam a objeção levantada. Por exemplo, se o cliente está preocupado com o custo, mostre como o valor agregado do produto justifica o preço. Se a objeção é em relação ao tempo necessário para implementação, explique como o produto pode economizar tempo e recursos a longo prazo.

Use exemplos concretos: Para tornar sua argumentação mais convincente, apresente exemplos concretos de como os benefícios compensam as objeções.

Esses exemplos podem incluir estudos de caso de clientes que enfrentaram objeções semelhantes e se beneficiaram do produto ou serviço, ou depoimentos de clientes satisfeitos que superaram suas preocupações iniciais.

Ofereça soluções alternativas: Se a objeção do cliente persistir mesmo após a apresentação dos benefícios compensatórios, ofereça soluções alternativas que possam atender às necessidades e preocupações do cliente. Isso pode incluir pacotes personalizados, descontos especiais ou opções de suporte adicionais.

Faça um acompanhamento: Depois de abordar a objeção e apresentar os benefícios compensatórios, faça um acompanhamento com o cliente para verificar se ele compreendeu como os benefícios apresentados superam suas preocupações. Peça feedback, esclareça quaisquer dúvidas que possam ter surgido e reitere seu compromisso em ajudá-los a encontrar a melhor solução possível.

Peça um compromisso: Após abordar a objeção e apresentar os benefícios compensatórios, peça ao cliente para tomar uma decisão ou se comprometer com a próxima etapa do processo de vendas.

Técnica da Apresentação do Concorrente

A Técnica da Apresentação do Concorrente é uma abordagem estratégica utilizada para enfrentar objeções de clientes, mostrando como o produto ou serviço que você oferece é superior ou tem vantagens em relação aos concorrentes. Isso ajuda a reforçar o valor do que está sendo oferecido e pode auxiliar o cliente a tomar uma decisão mais informada.

Conheça os concorrentes: Para aplicar a Técnica da Apresentação do Concorrente com eficácia, é essencial estar bem-informado sobre os concorrentes do seu mercado. Invista tempo em pesquisar seus produtos, serviços, preços, e pontos fortes e fracos. Isso permitirá que você esteja preparado para abordar objeções relacionadas aos concorrentes e apresentar argumentos sólidos a favor do seu produto ou serviço.

Identifique a objeção: Quando o cliente levanta uma objeção relacionada a um concorrente, é importante identificar qual aspecto específico do concorrente está gerando a preocupação. Isso pode ser feito fazendo perguntas diretas, como "O que você acredita ser melhor no produto do concorrente?" ou "Qual aspecto do serviço do concorrente você considera mais atraente?".

Valide a preocupação do cliente: Depois de identificar a objeção relacionada ao concorrente, mostre empatia e compreensão, validando a preocupação do cliente. Isso demonstra que você está disposto a ouvir e a trabalhar em conjunto para encontrar a melhor solução possível.

Compare e destaque as diferenças: Ao abordar a objeção, compare os produtos ou serviços de maneira objetiva, destacando as diferenças entre o que você oferece e o que o concorrente oferece. Seja específico e factual em suas comparações, evitando fazer declarações genéricas ou críticas não fundamentadas.

Enfatize os pontos fortes do seu produto ou serviço: Ao comparar o seu produto ou serviço ao do concorrente, é crucial destacar os pontos fortes e vantagens exclusivas do que você oferece. Isso pode incluir recursos inovadores, melhor desempenho, maior durabilidade, melhor atendimento ao cliente ou garantia superior.

Use exemplos concretos: Para tornar sua argumentação mais persuasiva, apresente exemplos concretos de como seu produto ou serviço supera o do concorrente. Esses exemplos podem incluir estudos de caso, testemunhos de clientes, resultados de testes independentes ou comparações diretas de recursos e funcionalidades.

Reconheça os pontos fortes do concorrente: Em alguns casos, o concorrente pode ter pontos fortes que são difíceis de negar. Nesse caso, é importante reconhecer esses pontos fortes, mas também enfatizar por que você acredita que seu produto ou serviço ainda é a melhor escolha para o cliente.

Aborde as preocupações e objeções: Depois de comparar seu produto ou serviço ao do concorrente e destacar os pontos fortes e vantagens, aborde as preocupações e objeções específicas levantadas pelo cliente. Isso pode incluir fornecer informações adicionais, oferecendo garantias ou demonstrando como os benefícios do seu produto ou serviço superam as vantagens do concorrente.

Ofereça soluções personalizadas: Se o cliente ainda tiver dúvidas ou preocupações após a comparação entre os produtos ou serviços, trabalhe com ele para encontrar soluções personalizadas que atendam às suas necessidades específicas. Isso pode incluir adaptar recursos, oferecer pacotes personalizados ou proporcionar opções de suporte adicionais.

Faça um acompanhamento: Depois de abordar a objeção relacionada ao concorrente e apresentar os pontos fortes e vantagens do seu produto ou serviço, faça um acompanhamento com o cliente. Verifique se ele entendeu as informações apresentadas, esclareça quaisquer dúvidas que possam ter surgido e reitere seu compromisso em ajudá-lo a encontrar a melhor solução possível.

Mantenha-se atualizado sobre os concorrentes: Para continuar aplicando a Técnica da Apresentação do Concorrente com eficácia, é importante manter-se atualizado sobre as novidades do mercado e os concorrentes. Isso garantirá que você esteja sempre preparado para abordar objeções e mostrar como seu produto ou serviço se destaca em relação aos demais.

Aprenda com os concorrentes: Além de enfrentar objeções, use as informações coletadas sobre os concorrentes para melhorar seu próprio produto ou serviço. Identifique áreas em que você possa melhorar e trabalhe para aprimorar seus recursos, atendimento ao cliente e estratégias de marketing.

Foco no relacionamento com o cliente: Lembre-se de que, mesmo que você apresente argumentos sólidos e persuasivos a favor do seu produto ou serviço, o relacionamento com o cliente é fundamental para o sucesso a longo prazo. Mantenha um diálogo aberto e honesto com os clientes, demonstre empatia e compreensão e trabalhe em conjunto para encontrar soluções que atendam às suas necessidades e expectativas.

Seja ético e respeitoso: Ao aplicar a Técnica da Apresentação do Concorrente, é importante ser ético e respeitoso em suas comparações e argumentações. Evite fazer declarações falsas ou enganosas, criticar os concorrentes de forma injusta ou usar táticas manipuladoras para persuadir os clientes. Adotar uma abordagem justa e equilibrada ajudará a construir confiança e credibilidade com os clientes.

Pratique e refine sua abordagem: A Técnica da Apresentação do Concorrente pode ser aprimorada com a prática e o refinamento contínuo.

Analise suas interações com os clientes, identifique áreas de melhoria e ajuste sua abordagem conforme necessário. Isso ajudará a garantir que você esteja sempre preparado para enfrentar objeções e destacar as vantagens do seu produto ou serviço em relação aos concorrentes.

Em resumo, a Técnica da Apresentação do Concorrente é uma ferramenta valiosa para enfrentar objeções de clientes e destacar os pontos fortes e vantagens do seu produto ou serviço. Ao aplicar essa técnica de forma eficaz, você poderá superar as preocupações dos clientes, construir relacionamentos sólidos e, em última instância, aumentar suas vendas e o sucesso de seu negócio. Lembre-se de manter-se atualizado sobre os concorrentes, adotar uma abordagem ética e respeitosa, e trabalhar em conjunto com os clientes para encontrar soluções que atendam às suas necessidades e expectativas. Com prática e refinamento contínuos, a Técnica da Apresentação do Concorrente pode se tornar uma parte integral de sua estratégia de vendas e enfrentamento de objeções.

Técnica da Opção de Compra Alternativa

A Técnica da Opção de Compra Alternativa é uma abordagem de enfrentamento de objeções que envolve apresentar aos clientes opções diferentes das que eles inicialmente consideravam.
 Essa técnica pode ser extremamente útil quando os clientes têm objeções específicas ou preocupações sobre um produto ou serviço. Ao oferecer alternativas, você pode ajudar a superar essas objeções e, eventualmente, fechar a venda. Neste subcapítulo, examinaremos como aplicar a Técnica da Opção de Compra Alternativa de maneira eficaz e forneceremos exemplos práticos para ilustrar seu uso.

Entenda as objeções do cliente:

O primeiro passo na aplicação da Técnica da Opção de Compra Alternativa é compreender completamente as objeções do cliente. Faça perguntas para esclarecer suas preocupações e identificar as razões subjacentes para suas hesitações. Seja empático e demonstre que você está genuinamente interessado em ajudar o cliente a encontrar a melhor solução para suas necessidades.

Avalie as alternativas disponíveis:

Depois de entender as objeções do cliente, avalie as alternativas disponíveis em seu portfólio de produtos ou serviços. Considere diferentes recursos, funcionalidades, preços e termos de contrato que possam ser mais adequados às necessidades e preferências do cliente. Também é útil estar ciente das ofertas de seus concorrentes, pois isso pode ajudá-lo a apresentar soluções mais competitivas.

Apresente as alternativas ao cliente:

Apresente as alternativas ao cliente de maneira clara e objetiva. Explique como cada opção aborda suas objeções e destaque os benefícios exclusivos que cada alternativa oferece.
Use histórias de sucesso e depoimentos de clientes satisfeitos para reforçar a credibilidade de suas sugestões.

Compare as opções com a oferta original:

Ao apresentar opções alternativas, é importante mostrar ao cliente como elas se comparam à oferta original.

Isso pode ajudar a demonstrar que você entende suas preocupações e está comprometido em encontrar a melhor solução.

Ao comparar as opções, concentre-se nos aspectos mais relevantes para o cliente, como preço, funcionalidade e desempenho.

Dê tempo ao cliente para considerar as alternativas:
Depois de apresentar as alternativas, dê ao cliente tempo para considerá-las. Evite pressionar o cliente a tomar uma decisão imediata, pois isso pode criar desconforto e resistência. Em vez disso, ofereça-se para responder a perguntas adicionais ou fornecer informações adicionais conforme necessário.

Acompanhe com o cliente:

Após dar tempo ao cliente para considerar as opções, faça um acompanhamento para verificar seu progresso na tomada de decisão. Pergunte se eles têm perguntas adicionais ou preocupações e esteja preparado para fornecer mais informações ou esclarecimentos, conforme necessário. Se o cliente estiver pronto para seguir em frente, trabalhe com ele para finalizar os detalhes do contrato e fechar a venda.

Exemplo prático:

Imagine que você é um vendedor de software de gerenciamento de projetos e um cliente em potencial expressa preocupação com o preço de sua oferta premium.

Em vez de insistir na venda do pacote premium, você pode apresentar ao cliente alternativas mais acessíveis, como um plano básico ou intermediário que ainda atenda às suas necessidades.

Explique as diferenças entre os planos, destacando os recursos incluídos em cada opção e como eles podem ajudar o cliente a alcançar seus objetivos.

Por exemplo, você poderia dizer: "Entendo sua preocupação com o preço do nosso pacote premium. Temos também planos básico e intermediário que podem ser mais adequados ao seu orçamento. O plano básico oferece funcionalidades essenciais de gerenciamento de projetos, enquanto o plano intermediário inclui recursos adicionais, como integrações com outros aplicativos e suporte prioritário. Ambos os planos são mais acessíveis e podem ser uma excelente opção para a sua empresa."

Ao apresentar essas alternativas, você demonstra que está ouvindo as preocupações do cliente e está disposto a trabalhar com ele para encontrar a solução certa. Isso pode ajudar a construir confiança e, em última análise, levar a uma venda bem-sucedida.

Outro exemplo pode ser no setor de vendas de automóveis. Suponha que um cliente está interessado em comprar um carro, mas tem objeções em relação ao consumo de combustível de um determinado modelo. Nesse caso, você pode apresentar opções alternativas, como veículos híbridos ou elétricos, que possam atender melhor às necessidades do cliente em termos de eficiência energética e economia.

Diga algo como: "Entendo sua preocupação com o consumo de combustível. Temos opções de veículos híbridos e elétricos que podem ser uma alternativa mais econômica e sustentável. O modelo X é um híbrido com excelente economia de combustível, enquanto o modelo Y é totalmente elétrico e oferece uma autonomia impressionante. Ambas as opções são mais eficientes em termos de combustível e podem ajudá-lo a economizar dinheiro a longo prazo."

Ao fornecer alternativas relevantes e atraentes, você aumenta a probabilidade de superar objeções e fechar a venda. Lembre-se de que o sucesso ao aplicar a Técnica da Opção de Compra Alternativa depende de sua capacidade de entender as preocupações do cliente e oferecer soluções personalizadas que atendam às suas necessidades e preferências.

Técnica da Demonstração de Produtos por tempo limitado

A Técnica da Demonstração de Produtos por Tempo Limitado é uma abordagem eficaz para enfrentar objeções de clientes, oferecendo a oportunidade de experimentar um produto ou serviço por um período determinado antes de tomar uma decisão final de compra. Essa estratégia tem como objetivo criar um senso de urgência e demonstrar o valor do produto, ajudando os clientes a superar suas hesitações e comprometer-se com a compra.

Para aplicar essa técnica, siga os passos abaixo:

Identifique as objeções do cliente: Escute atentamente as preocupações do cliente e entenda quais aspectos do produto ou serviço estão gerando dúvidas.

Apresente a oferta de demonstração: Explique ao cliente que você está confiante de que o produto ou serviço atenderá às suas necessidades e que eles podem experimentá-lo por um período limitado sem compromisso. Deixe claro que essa oferta é exclusiva e tem prazo para ser aproveitada.

Estabeleça o prazo: Defina um período específico para a demonstração, como uma semana ou um mês. Isso cria um senso de urgência e incentiva o cliente a aproveitar a oferta enquanto está disponível.

Instrua o cliente sobre como utilizar o produto ou serviço: Durante a demonstração, forneça orientações claras e suporte ao cliente, ajudando-os a compreender o funcionamento e os benefícios do produto ou serviço.

Acompanhe o progresso: Monitore o uso do cliente durante a demonstração e esteja disponível para responder a quaisquer perguntas ou preocupações que possam surgir.

Conclua a demonstração: Ao final do período de demonstração, entre em contato com o cliente e discuta sua experiência. Aborde quaisquer objeções remanescentes e feche a venda, destacando os benefícios do produto ou serviço e a satisfação que o cliente obteve durante o teste.

Por exemplo, imagine que você trabalhe em uma academia e estejam enfrentando objeções de um cliente em relação ao preço da mensalidade. Você poderia oferecer uma demonstração de duas semanas, permitindo que o cliente experimente as instalações, participe de aulas e sinta os benefícios de se exercitar na academia antes de se comprometer com um plano de pagamento.

Ao aplicar a Técnica da Demonstração de Produtos por Tempo Limitado, você demonstra confiança no valor do seu produto ou serviço, ao mesmo tempo que proporciona ao cliente a oportunidade de vivenciar esses benefícios em primeira mão. Essa abordagem pode ser eficaz para superar objeções e fechar vendas, desde que seja aplicada corretamente e com uma oferta atraente.

Capítulo 16: Lidando com rejeição e fracasso

Neste capítulo, discutiremos como lidar com a rejeição e o fracasso, que são uma realidade inerente ao trabalho de venda.

Aprenderemos como superar esses obstáculos, mantendo a perspectiva positiva e aprendendo com nossos erros. Também abordaremos como lidar com a pressão e o estresse, e como manter a motivação e a energia positiva, mesmo diante de desafios.

Se você trabalha com vendas, é provável que já tenha experimentado a rejeição e o fracasso. Embora possam ser desafiadores, esses obstáculos são uma parte natural do processo de venda e podem ser usados como oportunidades para aprender e melhorar.

Uma obra que me ensinou muito sobre o tema é "The Psychology of Selling" de Brian Tracy, em português A Psicologia da Venda.

Este livro aborda como lidar com a rejeição e o fracasso na venda, fornecendo estratégias e técnicas para aumentar a resiliência e a perseverança dos vendedores. O autor apresenta uma abordagem psicológica da venda, destacando a importância da atitude positiva, da confiança e da motivação.

Ele também oferece técnicas para superar a rejeição e aumentar a taxa de conversão nas vendas. É uma leitura valiosa para qualquer pessoa que queira melhorar suas habilidades de venda e aumentar seu sucesso na carreira. Oferece uma combinação de estratégias práticas e insights psicológicos para ajudar os vendedores a lidar com a rejeição e o fracasso, e a alcançar seus objetivos de venda.

Outra obra que realmente vale a pena é "Never Take No for an Answer" de Allan Pease (não foi editado em português) é um livro que vai te ensinar como lidar com a rejeição e transformá-la em sucesso. Com base em pesquisas e estudos sobre o comportamento humano, o livro oferece dicas e estratégias práticas para aumentar sua confiança e motivação enquanto vende.

O autor enfatiza a importância de ter uma atitude positiva e persistir, mesmo diante de obstáculos. Ele te dará técnicas eficazes para superar a rejeição e alcançar seus objetivos de venda.

Se você quer melhorar suas habilidades de venda e não desistir diante da rejeição, este livro é uma ótima escolha. Ele mistura conhecimento científico com dicas práticas para te ajudar a lidar com a rejeição e transformá-la em sucesso na venda.

Positividade

Manter uma perspectiva positiva ao invés de se concentrar nas negativas é salutar. Foque nas coisas que você fez bem e nas lições que pode aprender com cada experiência. Ainda, lembre-se de que a rejeição e o fracasso são apenas temporários e que há sempre a possibilidade de sucesso na próxima oportunidade.

A positividade é uma coisa incrível! Ela pode mudar completamente a maneira como vemos o mundo e como lidamos com desafios. Quando mantemos uma perspectiva positiva, somos mais fortes, resilientes e confiantes. É sobre nosso mindset.

Se encaramos a vida desta maneira, vemos cada obstáculo como uma oportunidade de crescer e aprender, em vez de como uma derrota.

Volto a lembrar, a rejeição e o fracasso são apenas temporários. Não importa o quanto você tenha fracassado hoje, amanhã é um novo dia e uma nova oportunidade de sucesso. É importante manter a cabeça erguida e continuar avançando, sempre buscando novas maneiras de alcançar seus objetivos.

A positividade é um poderoso aliado na sua jornada para o sucesso. E se você quer aprender mais sobre como usar a positividade a seu favor, "The Power of Positive Thinking" de Norman Vincent Peale é um livro que você precisa ler. Este livro é um verdadeiro clássico da literatura sobre positividade e oferece dicas e estratégias para manter uma perspectiva positiva e alcançar o sucesso na vida.

Aproveitando a Lição

Quando aprendemos com nossos erros, dizemos que estamos "aproveitando a lição". Isso significa que estamos tirando conclusões positivas de nossos fracassos e usando essas lições para evoluir e melhorar nossas habilidades e desempenho no futuro. É uma mentalidade de crescimento, em que acreditamos que o fracasso é uma oportunidade para aprender e evoluir.

Para lidar com a rejeição e o fracasso é necessário aprender com nossos erros. Analise suas técnicas de venda e identifique o que você poderia ter feito de maneira diferente para obter resultados diferentes. Também é importante se perguntar o que você pode fazer para evitar erros semelhantes no futuro.

Aqui estão algumas técnicas para reavaliar erros e fracassos e transformá-los em oportunidades de crescimento:

Análise: Reflita sobre o que aconteceu e identifique as causas do erro ou fracasso. Tente aprender com a experiência e veja o que você pode fazer diferentemente na próxima vez.

Autoavaliação: Analise o seu comportamento e identifique quais foram suas ações e atitudes que levaram ao erro ou fracasso. Pense sobre o que você poderia ter feito de forma diferente.

Aceitação: Aceite o erro ou fracasso e não se culpe por ele. Lembre-se de que todos cometemos erros e todos experimentamos fracassos. O importante é aprender com eles e continuar avançando.

Encontre oportunidades: Procure oportunidades de crescimento e aprendizado em cada erro ou fracasso. Veja o que você pode aprender com a experiência e como pode usar essas lições para alcançar o sucesso no futuro.

Enfoque no positivo: Mantenha uma perspectiva positiva e enfoque nas coisas boas que você aprendeu com a experiência. Lembre-se de que o erro ou fracasso é temporário e que você pode superá-lo.

Pressão e o estresse

É importante lidar com a pressão e o estresse de maneira saudável. Isso pode incluir praticar técnicas de gestão do estresse, como respiração profunda e meditação, ou encontrar atividades que o ajudem a relaxar, como esportes ou hobby.

Ter uma mente que borbulha ideias é uma coisa única. É o que nos permite ser criativos, inovadores e encontrar soluções para os problemas que enfrentamos. Mas, às vezes, a pressão e o estresse podem minar nossa capacidade de pensar de maneira clara e criativa. É por isso que é tão importante lidar com a pressão e o estresse de maneira saudável.

A pressão e o estresse podem vir de muitas fontes, como o trabalho, a família, as finanças ou as relações pessoais.
E, se não cuidarmos de nós mesmos, eles podem nos consumir e nos impedir de alcançar nossos objetivos e de ser felizes.

Felizmente, há muitas coisas que podemos fazer para lidar com a pressão e o estresse de maneira saudável. Por exemplo, podemos praticar técnicas de gestão do estresse, como respiração profunda e meditação, ou encontrar atividades que nos ajudem a relaxar, como esportes ou hobby.

Também é importante estabelecer limites claros e priorizar nossa saúde e bem-estar. Não devemos nos sentires pressionados a fazer mais do que é saudável ou possível. Devemos aprender a dizer não e a delegar tarefas quando precisarmos.

Devemos manter uma rotina saudável, incluindo uma alimentação equilibrada, exercícios físicos regulares e tempo suficiente para descanso e sono.

Enfrentar a tensão e o estresse é um desafio, mas é crucial para manter nossa saúde e bem-estar e alcançar o sucesso a longo prazo. Aprender a lidar com esses fatores de forma saudável é uma habilidade preciosa que pode ajudar a atingir nossos objetivos e ter uma vida equilibrada e satisfatória.

Em síntese, lidar com rejeição e falha é uma parte importante do trabalho de vendas. É preciso manter uma perspectiva positiva, aprender com nossos erros e usar essas lições para evoluir e melhorar nossas habilidades. Além disso, é importante lidar com a tensão e o estresse de forma saudável, praticando técnicas de gerenciamento de estresse, estabelecendo limites claros e priorizando nossa saúde e bem-estar.

Lidar com a tensão e o estresse é fundamental para proteger nossa saúde e bem-estar e alcançar o sucesso a longo prazo. Aprender a lidar com eles de forma saudável é uma habilidade valiosa que pode ajudar a atingir nossos objetivos e ter uma vida equilibrada e satisfatória.

Meu Segredo

Como um profissional de vendas, lido com a rejeição e o fracasso todos os dias. No começo da minha carreira, era difícil lidar com essas situações e muitas vezes me sentia desencorajado e frustrado. Mas, com o tempo, aprendi algumas técnicas e práticas que me ajudaram a lidar com a rejeição e o fracasso em vendas.

Aqui estão algumas das minhas estratégias favoritas:

Focar no positivo: É fácil se concentrar nas vendas malsucedidas e esquecer as vendas bem-sucedidas. Para lidar com a rejeição e o fracasso em vendas, é importante lembrar das vendas bem-sucedidas e dos aspectos positivos do trabalho de vendas. Eu mantenho um diário de vendas onde registro minhas vendas bem-sucedidas e os aspectos positivos do meu trabalho de vendas. Quando me sinto desencorajado, leio o diário para me lembrar do meu sucesso.

Pedir feedback: Pedir feedback de colegas de trabalho e clientes pode ser muito útil para identificar áreas que precisam de melhoria em minhas habilidades de vendas. Eu faço perguntas específicas sobre minhas habilidades de vendas e peço feedback sobre meu desempenho. Esse feedback me ajuda a identificar áreas que preciso melhorar e me orienta sobre como posso melhorar minhas habilidades de vendas.

Praticar a resiliência: A resiliência é a capacidade de superar obstáculos e continuar trabalhando em direção a seus objetivos de vendas. Eu pratico a resiliência por meio de atividades como meditação, exercícios físicos ou outras práticas que ajudem a manter minha mente e corpo saudáveis. Ao desenvolver a resiliência, sou capaz de lidar melhor com a rejeição e o fracasso em vendas.

Aprender com a experiência: Aprendo com minhas vendas malsucedidas e identifico o que posso aprender com elas. Registro essas experiências em um diário de vendas e reflito sobre o que posso fazer de forma diferente na próxima vez. Ao aprender com a experiência, desenvolvo resiliência e identifico áreas que precisam de melhoria em minhas habilidades de vendas.

Manter a comunicação aberta: Manter a comunicação aberta com colegas de trabalho e clientes é muito importante para identificar as causas da rejeição e do fracasso em vendas. Eu tento manter uma comunicação clara e transparente com meus colegas de trabalho e clientes para identificar áreas que precisam de melhoria e obter orientação sobre como melhorar minhas habilidades de vendas.

Além dessas técnicas, também estabeleço metas realistas para evitar pressão excessiva e pratico a autocompaixão para ser gentil comigo mesmo e não me culpar por vendas malsucedidas. Busco apoio social com meus colegas de trabalho e amigos para obter encorajamento e suporte emocional em momentos difíceis. Também participo de treinamentos e workshops sobre vendas para desenvolver habilidades e técnicas de vendas, além de ter a oportunidade de networking.

Lidar com a rejeição e o fracasso em vendas pode ser desafiador, mas é uma parte natural do trabalho de vendas. Ao utilizar essas técnicas e práticas adicionais, você pode desenvolver habilidades de resiliência, melhorar suas habilidades de vendas e alcançar sucesso a longo prazo.

Lembre-se de que a rejeição e o fracasso fazem parte do processo de aprendizagem e crescimento. Não se culpe por vendas malsucedidas e não desista. Em vez disso, tente aplicar algumas dessas técnicas em seu dia a dia e veja como elas podem ajudá-lo a lidar com a rejeição e o fracasso em vendas. Com o tempo, você desenvolverá habilidades de resiliência e verá seus sucessos crescerem.

Capítulo 17. Gerenciamento de Relacionamento com o Cliente: a Chave para o Sucesso a Longo Prazo

O gerenciamento de relacionamento com o cliente (CRM, na sigla em inglês) é uma estratégia de gestão de negócios que se concentra em criar e manter relacionamentos duradouros com os clientes. É uma abordagem que busca compreender as necessidades e expectativas dos clientes e fornecer soluções personalizadas que atendam a essas necessidades. Para muitas empresas, o gerenciamento de relacionamento com o cliente é a chave para o sucesso a longo prazo.

Mantendo Contato com os Clientes Após a Venda: A Importância do Follow-up

Manter contato com os clientes após a venda é uma das estratégias mais importantes do gerenciamento de relacionamento com o cliente. O objetivo principal é garantir que o cliente esteja satisfeito com o produto ou serviço adquirido e mantenha um relacionamento positivo com a empresa. Aqui estão algumas dicas para manter contato com os clientes após a venda e maximizar sua satisfação.

O primeiro passo para manter contato com os clientes após a venda é enviar mensagens de follow-up. Essas mensagens podem incluir perguntas sobre a satisfação do cliente com o produto ou serviço adquirido, oferecer suporte ou simplesmente agradecer o negócio. O objetivo é manter o canal de comunicação aberto e mostrar ao cliente que a empresa se importa com sua satisfação.

Outra maneira de manter contato com os clientes após a venda é realizar pesquisas de satisfação. Essas pesquisas podem ser realizadas por telefone, e-mail ou mensagem.

Elas permitem à empresa obter feedback valioso dos clientes sobre sua experiência com o produto ou serviço e identificar quaisquer problemas ou preocupações. Com base nessas informações, a empresa pode tomar medidas para melhorar sua oferta e aumentar a satisfação do cliente.

Manter contato com os clientes após a venda também inclui oferecer suporte contínuo. Isso pode incluir responder rapidamente às perguntas e problemas dos clientes, oferecer soluções personalizadas e trabalhar com os clientes para resolver quaisquer problemas. Quando os clientes sentem que suas necessidades estão sendo atendidas de maneira eficaz, eles são mais propensos a manter um relacionamento positivo com a empresa.

Fornecer suporte eficaz: A Chave para a Fidelidade do Cliente

Fornecer suporte eficaz é relevante no gerenciamento de relacionamento com o cliente. O objetivo principal é garantir que os clientes sintam que suas necessidades estão sendo atendidas de maneira eficaz, o que pode aumentar a fidelidade do cliente e manter um relacionamento positivo com a empresa.

Para fornecer suporte eficaz é necessário responder rapidamente às perguntas e problemas dos clientes. Isso pode incluir fornecer respostas precisas e úteis por e-mail, telefone ou chat ao vivo.

Quanto mais rápido a empresa responder aos clientes, mais eficaz será o suporte. Adicionalmente, responder rapidamente aos clientes mostra que a empresa valoriza seu tempo e está comprometida em atender às suas necessidades.

Outra maneira de fornecer suporte eficaz é oferecer soluções personalizadas aos clientes. Isso significa entender as necessidades e expectativas específicas de cada cliente e oferecer soluções que atendam a essas necessidades. Quanto mais personalizadas as soluções, mais eficazes serão e mais satisfeitos os clientes ficarão.

Fornecer suporte eficaz também inclui trabalhar com os clientes para resolver quaisquer problemas. Isso significa ouvir atentamente as preocupações dos clientes, oferecer soluções viáveis e trabalhar com os clientes para chegar a uma solução satisfatória para ambas as partes. Quando os clientes sentem que a empresa está disposta a trabalhar com eles para resolver problemas, eles são mais propensos a manter um relacionamento positivo com a empresa.

Como garantir a satisfação dos clientes: dicas para um CRM de sucesso

Se você quer ter sucesso no gerenciamento de relacionamento com o cliente, precisa garantir a satisfação dos clientes. Isso é importante porque clientes satisfeitos tendem a ser fiéis, recomendam a empresa para outras pessoas e são mais propensos a fazer novas compras no futuro. Aqui estão algumas dicas para garantir a satisfação dos clientes.

Uma maneira de obter a satisfação dos clientes é realizar pesquisas de satisfação. Isso pode ser feito por meio de questionários, entrevistas ou conversas informais. As pesquisas permitem que você saiba o que os clientes gostam e o que eles não gostam sobre o produto ou serviço, e como você pode melhorar.

Outro jeito de conquistar a satisfação dos clientes é ouvir as opiniões e comentários dos clientes. Isso pode ser feito por meio de feedbacks informais, por exemplo, ou por meio de conversas formais, como uma reunião ou uma pesquisa. É importante ouvir o que os clientes têm a dizer, pois eles podem ter ideias valiosas sobre como melhorar o produto ou serviço.

Se um cliente tiver um problema com o produto ou serviço, é importante trabalhar com ele para resolvê-lo. Isso pode incluir ouvir o cliente, oferecer soluções viáveis e trabalhar com ele para chegar a uma solução satisfatória para ambas as partes. Quando os clientes sentem que você está disposto a ajudá-los, eles são mais propensos a ficar satisfeitos com a empresa.

Como manter seus clientes fiéis: dicas para uma fidelização de sucesso

Você sabe como manter seus clientes fiéis e fazê-los voltar para comprar novamente? Aqui estão algumas dicas para uma fidelização de sucesso.

Um dos primeiros passos para fidelizar seus clientes é criar programas de fidelidade. Isso pode incluir oferecer pontos por compras, oferecer descontos exclusivos ou oferecer acesso a eventos especiais. Quando os clientes se sentem valorizados e reconhecidos, eles sao mais propensos a continuar comprando com a sua empresa.

Outra maneira de fidelizar seus clientes é oferecer descontos exclusivos. Isso pode incluir descontos especiais para clientes fiéis, ofertas de "compre uma, leve duas" ou promoções de fidelidade. Quando os clientes sentem que estão recebendo algo especial, eles são mais propensos a ficar fiéis à sua empresa.

Você também pode fidelizar seus clientes oferecendo acesso a eventos e oportunidades especiais. Isso pode incluir eventos ao vivo, palestras ou workshops exclusivos. Quando os clientes se sentem valorizados e reconhecidos, eles são mais propensos a ficar fiéis à sua empresa.

Como gerar novas oportunidades de vendas através do relacionamento com o cliente

Você sabe como aproveitar seu relacionamento com o cliente para gerar novas oportunidades de vendas? Aqui estão algumas dicas para ajudá-lo a maximizar suas chances de sucesso.

Uma das maneiras mais fáceis de gerar novas oportunidades de vendas é identificar oportunidades para upsell ou cross-sell. Isso pode incluir oferecer produtos ou serviços complementares aos já adquiridos pelo cliente, ou sugerir soluções mais avançadas ou premium. Quando os clientes sentem que estão recebendo valor adicional, eles são mais propensos a considerar a compra de novos produtos ou serviços.

Upsell e cross-sell são técnicas de vendas que visam aumentar o valor da compra de um cliente.

Upsell é o processo de oferecer ao cliente um produto ou serviço de maior valor ou melhor qualidade que o que ele estava originalmente planejando comprar. Por exemplo, se um cliente está comprando uma câmera, um vendedor pode oferecer-lhe uma câmera de maior qualidade ou com mais recursos.

Cross-sell, por outro lado, é o processo de oferecer ao cliente produtos ou serviços complementares ao que ele está comprando. Por exemplo, se um cliente está comprando uma câmera, um vendedor pode oferecer-lhe uma bolsa para transporte da câmera, cartões de memória etc.

Ambas as técnicas são usadas para aumentar o valor da compra do cliente e melhorar sua experiência de compra. Quando bem executadas, elas podem aumentar o ticket médio e a satisfação do cliente, além de aumentar as oportunidades de vendas futuras.

Gerar novas oportunidades de vendas é oferecer soluções personalizadas baseadas nas necessidades do cliente. Isso pode incluir sugestões de produtos ou serviços que complementem as necessidades do cliente, ou soluções customizadas que atendam aos seus requisitos específicos. Quando os clientes sentem que suas necessidades estão sendo atendidas de maneira personalizada, eles são mais propensos a considerar novas compras.

Investir em tecnologia de CRM

Investir em tecnologia de Gerenciamento de Relacionamento com o Cliente pode ser um passo fundamental para o sucesso de uma empresa. Com a evolução da tecnologia e a necessidade de manter relacionamentos duradouros com os clientes, o uso de soluções de CRM tornou-se cada vez mais importante.

Uma das principais vantagens de investir em tecnologia de CRM é a capacidade de armazenar e acessar informações sobre os clientes de maneira eficiente e organizada.

Com todas as informações centralizadas em um só lugar, é possível ter uma visão mais completa das interações com os clientes e tomar decisões informadas com base nessas informações.

As soluções de CRM permitem automatizar muitos processos repetitivos, como o envio de mensagens de follow-up e a realização de pesquisas de satisfação. Isso permite que os profissionais de vendas, suporte e marketing se concentrem em outras tarefas importantes, como o desenvolvimento de relacionamentos mais profundos com os clientes.

O uso de tecnologia de CRM também pode melhorar a colaboração entre equipes. Ao ter todos trabalhando com as mesmas informações e tendo acesso às mesmas análises, é possível aumentar a coordenação de esforços e a eficiência da implementação da estratégia de CRM.

Há muitos casos de sucesso de empresas que investiram em tecnologia de CRM e viram resultados significativos em termos de satisfação do cliente, fidelização de clientes e geração de novas oportunidades de vendas.

 Por exemplo, a empresa de tecnologia Salesforce, que fornece soluções de CRM, ajudou a empresa de varejo American Eagle Outfitters a aumentar a satisfação do cliente e a fidelização de clientes ao fornecer uma visão mais completa das interações com os clientes e permitir aos vendedores personalizar suas abordagens de vendas.

Outro exemplo é a empresa de cosméticos Sephora, que usou tecnologia de CRM para criar uma experiência de compra personalizada para cada cliente.

A empresa usou informações sobre o histórico de compras e preferências de cada cliente para recomendar produtos e oferecer descontos exclusivos, o que ajudou a aumentar a fidelização de clientes e gerar novas oportunidades de vendas.

Em resumo, o gerenciamento de relacionamento com o cliente é fundamental para o sucesso a longo prazo de uma empresa. Com uma abordagem focada em compreender as necessidades e expectativas dos clientes, fornecer suporte eficaz, garantir a satisfação do cliente, fidelizar os clientes e gerar novas oportunidades de vendas, as empresas podem construir relacionamentos duradouros com seus clientes e aumentar suas chances de sucesso no longo prazo.

Investir em tecnologia de CRM é uma maneira eficaz de implementar uma estratégia de gerenciamento de relacionamento com o cliente e maximizar seu impacto no negócio.

Analytics e o universo de vendas

O mundo dos negócios está passando por mudanças significativas, e a competência mais essencial e procurada atualmente é Analytics.
Essa habilidade permite extrair insights a partir de dados, o que é cada vez mais relevante em um ambiente corporativo que está cada vez mais orientado por dados.

Embora a competência em Analytics costumava ser exclusiva dos profissionais de TI, atualmente ela é requerida em todas as áreas de atuação e níveis de senioridade, inclusive vendas. Quem possui essa habilidade hoje em dia tem um diferencial significativo em sua carreira e se destaca no mercado.

A disponibilidade de dados cresceu exponencialmente na última década, e as empresas que souberem extrair insights a partir desses dados terão uma vantagem competitiva significativa. A análise de dados permite às empresas identificar tendências, entender seus clientes e mercados, otimizar seus processos e tomada de decisão baseada em evidências.

Ela é a nova habilidade obrigatória no mundo das vendas. É a capacidade de extrair insights valiosos a partir de dados e transformá-los em ações estratégicas para impulsionar o sucesso dos negócios. Hoje, quem possui essas habilidades tem uma vantagem competitiva significativa, podendo identificar tendências, entender o comportamento dos clientes, otimizar processos e tomar decisões mais informadas e precisas. Portanto, se você quer se destacar nas vendas e ter sucesso no mercado atual, é essencial desenvolver suas habilidades em Analytics.

No entanto, não é apenas a capacidade de coletar e analisar dados que é importante. Os profissionais também precisam ser capazes de comunicar os insights de maneira clara e concisa para a equipe de liderança, de forma que possam ser usados para orientar a tomada de decisão estratégica.

Ela não é uma habilidade estática. Os dados estão sempre mudando e evoluindo, e a capacidade de analisá-los precisa ser atualizada e aprimorada regularmente.
É essencial que os profissionais se mantenham atualizados e continuem desenvolvendo suas habilidades para se manterem relevantes e competitivos no mundo dos negócios em constante mudança.

Portanto, para ter sucesso em vendas atualmente, é preciso investir em habilidades de Analytics.

Isso permitirá que os profissionais obtenham insights significativos a partir de dados e se destaquem no mercado corporativo.

Big Data e sua Relevância para Impulsionar Vendas

Atualmente, a disponibilidade de dados cresceu tremendamente e se tornou um elemento essencial nos processos de tomada de decisão para empresas. Com o surgimento do Big Data, as organizações têm acesso a grandes quantidades de informações que podem ser usadas para obter insights sobre o comportamento do cliente, as tendências do mercado e as operações comerciais. Big Data é um termo usado para descrever conjuntos de dados tão grandes e complexos que não podem ser processados por ferramentas tradicionais de processamento de dados.

A análise pode ajudar empresas a analisar grandes quantidades de dados, identificar tendências e obter insights sobre o comportamento do cliente. Isso pode levar a uma melhor tomada de decisão e uma vantagem competitiva. A relevância dele para impulsionar as vendas não pode ser subestimada, pois tem o potencial de transformar a forma como as empresas abordam as vendas e o marketing.

Um dos principais benefícios é que ela pode ajudar empresas a identificar tendências no comportamento do cliente. Ao analisar grandes conjuntos de dados do cliente, as empresas podem obter insights sobre o que seus clientes querem e precisam. Isso, por sua vez, pode ajudar as empresas a adaptar suas estratégias de vendas e marketing para atender a essas necessidades.

Por exemplo, se uma empresa descobre que uma parte significativa de seus clientes está usando um determinado produto ou serviço, ela pode concentrar seus esforços de vendas na promoção desse produto ou serviço.

Outra vantagem é que ele pode ajudar as empresas a otimizar suas estratégias de preços. Ao analisar dados sobre o comportamento do cliente, as empresas podem obter insights sobre os preços que os clientes estão dispostos a pagar por produtos e serviços. Isso pode ajudar as empresas a precificar seus produtos e serviços de forma competitiva e aumentar as vendas.

Também pode ser usado para melhorar a experiência do cliente. Ao analisar dados sobre o comportamento do cliente, as empresas podem obter insights sobre o que os clientes desejam e precisam em suas interações com a empresa. Isso pode ajudar as empresas a melhorar seus produtos e serviços e adaptar seus esforços de atendimento ao cliente para atender às necessidades do cliente.

Além desses benefícios, também pode ajudar as empresas a melhorar sua eficiência operacional. Ao analisar dados sobre as operações comerciais, as empresas podem identificar áreas onde podem fazer melhorias para aumentar a eficiência e reduzir os custos. Isso pode levar a um aumento da lucratividade e competitividade.

Para aproveitar ao máximo o Big Data para impulsionar as vendas, as empresas precisam desenvolver uma abordagem baseada em dados para vendas e marketing.

Isso envolve o uso de dados para informar a tomada de decisões, concentrando-se nas necessidades e comportamento do cliente, e continuamente analisando e otimizando as estratégias de vendas e marketing. Também envolve investir na tecnologia e ferramentas certas para analisar e gerenciar dados de forma eficaz.

Capítulo 18: Desenvolvimento contínuo de suas habilidades de vendas

Neste capítulo, discutiremos a importância do desenvolvimento contínuo de suas habilidades de vendas. Aprenderemos como avaliar seu desempenho, identificar pontos fracos e buscar oportunidades de melhoria. Também abordaremos como manter-se atualizado com as tendências e inovações na área de vendas e como continuar a alimentar a borbulha de ideias em sua mente.

Avançando, discutiremos como estabelecer metas realistas e como motivar-se a alcançá-las.

Se você trabalha com vendas, então você sabe que é importante aprender e evoluir suas habilidades. Não importa se você é um vendedor iniciante ou se já tem anos de experiência, é sempre importante estar atualizado com as tendências e inovações na área de vendas e buscar maneiras de melhorar.

A primeira coisa a fazer é avaliar seu desempenho. Isso pode ser feito com a ajuda de seu gerente de vendas, colegas de trabalho ou até mesmo por meio de pesquisas de satisfação com os clientes. Analisar sua performance permite identificar pontos fortes e fracos, e buscar maneiras de melhorar.

Para se manter atualizado com as tendências e inovações na área de vendas, é importante ler livros, assistir a palestras e treinamentos, participar de conferências e fazer networking com outros profissionais de vendas. Além disso, é importante estar sempre aberto a novas ideias e tecnologias que possam melhorar suas habilidades de vendas.

Manter-se motivado e alimentar a sua criatividade também é imperativo o desenvolvimento contínuo de suas habilidades de vendas. Mantenha um diário de ideias, faça brainstorming com colegas de trabalho e não tenha medo de experimentar novas abordagens.

Aliás, estabelecer metas realistas e motivar-se a alcançá-las é fundamental para o sucesso nas vendas. Definir metas claras, como aumentar suas vendas em 10% em um determinado período ou estabelecer novos relacionamentos comerciais, ajuda a manter o foco e a motivação.

Mas não se esqueça de comemorar suas conquistas! É importante celebrar seus sucessos e usá-los como motivação para continuar evoluindo suas habilidades.

Exemplo prático

Como exemplo prático, podemos citar a história de André, um vendedor de tecnologia. Ele tinha trabalhado como vendedor por muitos anos, mas sentiu que suas habilidades estavam se tornando desatualizadas e que precisava melhorar.

Ele começou a ler livros e assistir a palestras sobre vendas e inovações tecnológicas, e começou a participar de conferências e fazer networking com outros profissionais de vendas.

Estabeleceu metas claras para si mesmo, como aumentar suas vendas em 15% em um ano e estabelecer novos relacionamentos comerciais. Ele também alimentou sua criatividade ao manter um diário de ideias e fazer brainstorming com amigos que atuam na área de vendas e outros colegas de trabalho.

Com o tempo, ele começou a ver resultados significativos em suas habilidades de vendas. Ele se tornou mais confiante e assertivo, e suas vendas aumentaram significativamente. Ele também estabeleceu relacionamentos comerciais mais fortes com seus clientes, o que ajudou a fidelizá-los e gerar novas oportunidades de vendas.

O exemplo parece ser uma boa ilustração da importância do desenvolvimento contínuo de habilidades de vendas e como isso pode ser alcançado por meio de ações concretas, como ler livros, participar de conferências e estabelecer metas realistas.
O desenvolvimento contínuo de suas habilidades de vendas é fundamental para o sucesso em sua carreira. Avalie seu desempenho, mantenha-se atualizado com as tendências e inovações na área de vendas, alimente sua criatividade estabeleça metas realistas e motivadoras e comemore suas conquistas. Ao seguir essas dicas, você estará no caminho certo para se tornar um vendedor ainda melhor.

10 dicas para o Desenvolvimento Contínuo das Habilidades de Venda

Como vendedor, é importante estar sempre aprendendo e aprimorando suas habilidades para se destacar no mercado e atingir suas metas de vendas. Aqui estão 10 maneiras de fazer o desenvolvimento contínuo de suas habilidades de vendas:

1. Avalie seu desempenho: Analisar seu desempenho regularmente permite identificar pontos fortes e fracos e buscar maneiras de melhorar. Peça feedback a seus colegas de trabalho ou gerente, ou mesmo realizar pesquisas de satisfação com os clientes.

2. Mantenha-se atualizado: Ler livros, assistir a palestras e treinamentos, participar de conferências e fazer networking com outros profissionais de vendas são ótimas maneiras de se manter atualizado com as tendências e inovações na área de vendas.

3. Alimente sua borbulha de ideias: Mantenha um diário de ideias, faça brainstorming com colegas de trabalho e experimente novas abordagens. Isso ajuda a manter sua criatividade e motivação.

4. Estabeleça metas realistas: Definir metas claras, como aumentar suas vendas em 10% em um determinado período ou estabelecer novos relacionamentos comerciais, ajuda a manter o foco e a motivação.

5. Celebre seus sucessos: Comemore seus sucessos e use-os como motivação para continuar aprendendo e evoluindo suas habilidades.

6. Aprenda com seus erros: Em vez de se desanimar com erros ou fracassos, use-os como oportunidades para aprender e melhorar.

7. Fale com seus clientes: Mantenha conversas abertas e honestas com seus clientes e ouça suas necessidades e preocupações. Isso ajuda a construir relacionamentos duradouros e a compreender melhor as necessidades dos clientes.

8. Pratique, pratique, pratique: A prática é a chave para o sucesso nas vendas. Pratique suas técnicas de vendas e habilidades de comunicação sempre que puder.

9. Mantenha-se motivado: Mantenha-se motivado através de atividades que você gosta, como ler, assistir a palestras, viajar etc. Isso ajuda a mantê-lo concentrado e motivado.
10. Trabalhe com um mentor: Ter um mentor é uma ótima maneira de aprender com alguém com mais experiência e aprimorar suas habilidades de vendas.

A importância da capacitação e educação em vendas consistentes

A venda é uma atividade dinâmica, que exige que o vendedor esteja sempre aprendendo e se adaptando às novas tendências e práticas de mercado. Por isso, o desenvolvimento contínuo de habilidades de vendas é um aspecto crucial para o sucesso na carreira de vendas.

A capacitação e a educação em vendas são fundamentais para o sucesso de um vendedor. Isso ocorre porque o mercado está em constante mudança, e os vendedores precisam estar preparados para se adaptar a essas mudanças. Além disso, muitos clientes estão cada vez mais bem informados e exigentes, o que torna necessário que os vendedores estejam preparados para oferecer soluções que atendam às suas necessidades.

Investir em capacitação e educação em vendas é uma forma de adquirir novas habilidades e técnicas para alcançar o sucesso nas vendas. Os vendedores que se capacitam e se educam de forma consistente podem oferecer um melhor serviço aos seus clientes e, consequentemente, aumentar suas vendas.

Existem diversas opções de capacitação e educação em vendas disponíveis, desde cursos online até treinamentos presenciais. Os vendedores devem escolher a opção que melhor se adapte às suas necessidades e objetivos. Por exemplo, uma opção comum é a participação em workshops de vendas, que são eventos presenciais com duração de um ou dois dias e que oferecem uma imersão intensiva em técnicas e habilidades de vendas.

Outra opção é a realização de cursos online, que permitem que os vendedores estudem no seu próprio ritmo e no momento que for mais conveniente para eles.
Além disso, muitas empresas oferecem programas de capacitação contínua em vendas, com o objetivo de manter seus vendedores atualizados e competitivos.

Os treinamentos internos também são uma opção para muitas empresas. Esses treinamentos podem ser conduzidos por líderes de vendas experientes, com o objetivo de aprimorar as habilidades dos vendedores em áreas específicas, como negociação, fechamento de vendas, comunicação e liderança.

Participar de eventos e conferências de vendas também é uma opção para os vendedores. Esses eventos são uma ótima oportunidade para aprender com líderes do setor, compartilhar ideias com outros profissionais de vendas e se manter atualizado com as tendências e as melhores práticas de vendas.

É importante ressaltar que a educação e a capacitação em vendas não devem ser vistas como um processo pontual, mas sim como um processo contínuo e consistente. O mercado está em constante mudança, e os vendedores precisam estar preparados para se adaptar a essas mudanças.

Criar um plano de desenvolvimento pessoal em vendas é uma forma de garantir a capacitação e educação consistentes. Esse plano deve incluir objetivos de aprendizado e ações específicas para alcançar esses objetivos. O plano deve ser revisado e atualizado regularmente, para garantir que esteja sempre alinhado com os objetivos de vendas do vendedor.

Um exemplo de sucesso na capacitação e educação em vendas é a empresa de vendas diretas Avon. A Avon investe significativamente em treinamentos e capacitação para seus representantes de vendas.
Eles oferecem cursos online e treinamentos presenciais para seus representantes, com o objetivo de aprimorar suas habilidades de vendas e oferecer um melhor serviço aos seus clientes.

Além disso, a Avon também oferece programas de mentoria para seus representantes, com o objetivo de ajudá-los a desenvolver suas habilidades e alcançar seus objetivos de vendas.
Esses programas de mentoria permitem que os representantes de vendas trabalhem com líderes experientes da empresa, que podem fornecer feedback e orientação em áreas específicas de desenvolvimento.

Outro exemplo de sucesso na capacitação e educação em vendas é a empresa Salesforce. A Salesforce é uma das maiores empresas de software de gerenciamento de relacionamento com o cliente do mundo, e investe fortemente em capacitação e educação para seus profissionais de vendas.

A empresa oferece uma ampla variedade de treinamentos em vendas, desde cursos online até treinamentos presenciais. Além disso, a Salesforce também oferece programas de certificação para seus profissionais de vendas, com o objetivo de certificar suas habilidades em áreas específicas de vendas.

A Salesforce também possui uma cultura de aprendizado contínuo, incentivando seus profissionais de vendas a se capacitarem e se educarem de forma consistente. Isso permite que eles estejam sempre atualizados com as últimas tendências e práticas de vendas, e possam oferecer soluções eficazes para seus clientes.

Definindo metas e objetivos de vendas para o crescimento profissional

Estabelecer metas e objetivos de vendas é essencial para o sucesso de um profissional de vendas. Isso porque as metas e objetivos fornecem um norte para o vendedor, orientando-o sobre quais ações devem ser realizadas para alcançar os resultados esperados.

Definir metas e objetivos de vendas pode ser feito de diversas formas. Por exemplo, o vendedor pode definir uma meta de vendas para o ano, com base em um objetivo financeiro específico.
Essa meta pode ser desmembrada em metas trimestrais, mensais ou semanais, para que o vendedor possa monitorar o progresso e fazer ajustes conforme necessário.

As metas e objetivos de vendas também podem ser definidos com base em outros critérios, como número de clientes, margem de lucro, tempo de ciclo de vendas, entre outros. O importante é que as metas e objetivos estejam alinhados com a estratégia da empresa e com os objetivos pessoais do vendedor.

Por que estabelecer metas e objetivos de vendas?

Estabelecer metas e objetivos de vendas é fundamental para o sucesso de um profissional de vendas. Isso ocorre por vários motivos, entre eles:

Foco: as metas e objetivos fornecem um norte para o vendedor, orientando-o sobre quais ações devem ser realizadas para alcançar os resultados esperados.

Motivação: quando as metas e objetivos são alcançados, o vendedor se sente motivado e com a sensação de dever cumprido, o que o impulsiona a continuar trabalhando duro.

Acompanhamento: estabelecer metas e objetivos permite que o vendedor acompanhe o progresso e faça ajustes conforme necessário.

Aprendizado: as metas e objetivos podem ser desafiadoras e exigir que o vendedor aprenda novas habilidades e técnicas para alcançá-las, o que pode ser uma oportunidade de crescimento profissional.

Quando estabelecer metas e objetivos de vendas?

As metas e objetivos de vendas devem ser estabelecidos no início do período de vendas, seja ele anual, trimestral, mensal ou semanal. Isso permite que o vendedor tenha um norte para orientar suas ações e saiba o que é esperado dele em termos de resultados.

Além disso, é importante que as metas e objetivos sejam revisados regularmente para garantir que estejam alinhados com os objetivos da empresa e com as condições do mercado.

Como estabelecer metas e objetivos de vendas?

Existem diversas maneiras de estabelecer metas e objetivos de vendas. Algumas dicas para fazer isso são:

Definir objetivos claros e específicos: as metas e objetivos devem ser claros e específicos, para que o vendedor saiba exatamente o que precisa fazer para alcançá-los.

Definir metas desafiadoras, mas realistas: as metas devem ser desafiadoras o suficiente para motivar o vendedor a trabalhar duro, mas também realistas o suficiente para serem alcançáveis.

Envolver a equipe de vendas: a definição de metas e objetivos de vendas deve ser um processo colaborativo, envolvendo toda a equipe de vendas. Isso permite que todos estejam alinhados e trabalhando em conjunto para alcançar os resultados esperados.

Definir prazos: as metas devem ter prazos definidos, para que o vendedor saiba em que período deve alcançá-las e possa monitorar seu progresso.

Monitorar o progresso: o vendedor deve monitorar o progresso em relação às metas e objetivos definidos, para que possa fazer ajustes conforme necessário.

Exemplos práticos:

Um exemplo prático de estabelecimento de metas e objetivos de vendas é a empresa de tecnologia Apple. A Apple é conhecida por estabelecer metas ambiciosas de vendas para seus produtos, como iPhones e iPads.

Por exemplo, em 2019, a Apple estabeleceu uma meta de vendas para o iPhone de cerca de 200 milhões de unidades. Para alcançar essa meta, a empresa utilizou uma variedade de estratégias, como a introdução de novos modelos de iPhone e a oferta de programas de troca para incentivar os consumidores a atualizarem seus dispositivos antigos.

Outro exemplo prático é a empresa de vendas diretas Mary Kay. A Mary Kay é conhecida por estabelecer metas de vendas personalizadas para cada um de seus representantes de vendas, com base em seus objetivos pessoais e financeiros.

Por exemplo, um representante de vendas Mary Kay pode definir uma meta de vendas anual de US$ 50.000, desmembrada em metas mensais e semanais. O representante pode trabalhar em conjunto com sua equipe de vendas e líderes para desenvolver estratégias de vendas eficazes, como a oferta de descontos para novos clientes ou a promoção de novos produtos.

Identificando e abordando áreas de fraqueza nas habilidades de vendas

Identificar e abordar áreas de fraqueza nas habilidades de vendas é essencial para o crescimento profissional e sucesso nas vendas. Todos os vendedores têm áreas de fraqueza em suas habilidades de vendas, e abordá-las é fundamental para superar obstáculos e melhorar o desempenho.

Como identificar áreas de fraqueza nas habilidades de vendas?

Para identificar áreas de fraqueza nas habilidades de vendas, é importante que o vendedor avalie seu desempenho e receba feedback de colegas de trabalho, líderes e clientes.

Uma forma de avaliar o desempenho é analisar as métricas de vendas, como a taxa de conversão, ticket médio e tempo de ciclo de vendas. Essas métricas podem fornecer informações valiosas sobre o desempenho do vendedor e indicar áreas que precisam ser melhoradas.

Além disso, o vendedor pode solicitar feedback de colegas de trabalho, líderes e clientes. Isso pode ser feito por meio de pesquisas de satisfação do cliente, reuniões de feedback ou sessões de treinamento em grupo. O feedback recebido pode ajudar a identificar áreas de fraqueza nas habilidades de vendas e fornecer insights sobre como abordá-las.
Por que abordar áreas de fraqueza nas habilidades de vendas?

Abordar áreas de fraqueza nas habilidades de vendas é fundamental para o sucesso de um profissional de vendas. Isso ocorre por vários motivos, entre eles:

Melhoria no desempenho: abordar áreas de fraqueza permite que o vendedor aprimore suas habilidades de vendas e melhore seu desempenho, o que pode resultar em mais vendas e maior satisfação do cliente.

Desenvolvimento profissional: abordar áreas de fraqueza pode ser uma oportunidade de desenvolvimento profissional e aprendizado de novas habilidades e técnicas de vendas.

Satisfação do cliente: abordar áreas de fraqueza pode levar a uma melhoria na qualidade do atendimento ao cliente, o que pode resultar em maior satisfação do cliente e fidelização.
Quando abordar áreas de fraqueza nas habilidades de vendas?
As áreas de fraqueza nas habilidades de vendas devem ser abordadas assim que forem identificadas. Quanto mais cedo forem abordadas, mais fácil será a correção e menos impacto terão nas vendas e na satisfação do cliente.

Além disso, é importante que o vendedor aborde regularmente suas áreas de fraqueza para garantir que estejam sendo corrigidas e que ele esteja sempre melhorando suas habilidades de vendas.

Como abordar áreas de fraqueza nas habilidades de vendas?

Para abordar áreas de fraqueza nas habilidades de vendas, o vendedor pode utilizar diversas estratégias, como:

Treinamentos e cursos: participar de treinamentos e cursos pode ser uma forma eficaz de aprender novas habilidades e técnicas de vendas e corrigir áreas de fraqueza.

Mentoria: trabalhar com um mentor experiente pode fornecer feedback e orientação em áreas específicas de fraqueza e ajudar o vendedor a aprimorar suas habilidades de vendas.

Prática: praticar as habilidades de vendas em situações reais pode ser uma forma eficaz de melhorar o desempenho e corrigir áreas de fraqueza.

Feedback: receber feedback regularmente de colegas de trabalho, líderes e clientes pode ajudar o vendedor a identificar áreas de fraqueza e receber orientação sobre como abordá-las.

Exemplos práticos

Um exemplo prático de identificação e abordagem de áreas de fraqueza nas habilidades de vendas é a empresa de tecnologia Microsoft.
A Microsoft é conhecida por fornecer treinamentos e cursos de vendas para seus funcionários, com o objetivo de aprimorar suas habilidades de vendas e melhorar o desempenho da empresa.

Por exemplo, se ela oferece o programa de treinamento "Sales Mastery", que é projetado para ajudar os vendedores a aprimorar suas habilidades de vendas e corrigir áreas de fraqueza. O programa inclui treinamentos em vendas consultivas, gerenciamento de oportunidades, gestão de tempo e outras habilidades essenciais para o sucesso nas vendas.

Outro exemplo prático é a empresa de cosméticos Avon. A Avon é conhecida por fornecer feedback regular para seus representantes de vendas, com o objetivo de identificar áreas de fraqueza e fornecer orientação sobre como abordá-las.

Por exemplo, a Avon realiza pesquisas de satisfação do cliente regularmente para avaliar o desempenho de seus representantes de vendas e identificar áreas que precisam ser melhoradas. A empresa também oferece sessões de treinamento em grupo e mentoria para ajudar os representantes de vendas a aprimorar suas habilidades de vendas e corrigir áreas de fraqueza.

Identificar e abordar áreas de fraqueza nas habilidades de vendas é fundamental para o sucesso de um profissional de vendas. Para identificar áreas de fraqueza, o vendedor deve avaliar seu desempenho e receber feedback de colegas de trabalho, líderes e clientes.

As áreas de fraqueza devem ser abordadas assim que forem identificadas, utilizando estratégias como treinamentos, mentoria, prática e feedback. Exemplos práticos de empresas como Microsoft e Avon mostram como a identificação e abordagem de áreas de fraqueza podem ser eficazes para melhorar o desempenho nas vendas.

Portanto, é importante que os profissionais de vendas identifiquem e abordem suas áreas de fraqueza para aprimorar suas habilidades de vendas, melhorar o desempenho e alcançar o sucesso em suas carreiras.

O valor de buscar feedback e críticas construtivas de colegas e clientes

Buscar feedback e críticas construtivas de colegas e clientes é uma prática essencial para o crescimento profissional e sucesso nas vendas. O feedback pode fornecer insights valiosos sobre o desempenho do vendedor e ajudá-lo a aprimorar suas habilidades de vendas.

Por que buscar feedback e críticas construtivas de colegas e clientes?

Buscar feedback e críticas construtivas de colegas e clientes é fundamental por vários motivos, entre eles:

Identificar áreas de melhoria: o feedback pode ajudar o vendedor a identificar áreas de melhoria em suas habilidades de vendas, como comunicação, abordagem ao cliente e apresentação de produtos.

Aprimorar habilidades: o feedback pode fornecer orientação sobre como aprimorar as habilidades de vendas e corrigir áreas de fraqueza.

Melhorar o desempenho: o feedback pode ajudar o vendedor a melhorar seu desempenho nas vendas, o que pode levar a mais vendas e maior satisfação do cliente.

Quando buscar feedback e críticas construtivas de colegas e clientes?

O feedback deve ser buscado regularmente, tanto de colegas de trabalho quanto de clientes. O feedback pode ser solicitado após cada venda ou reunião de vendas, ou em intervalos regulares, como a cada mês ou trimestre.

Além disso, é importante buscar feedback imediatamente após situações em que algo não deu certo ou não atingiu as expectativas do cliente. O feedback recebido nessas situações pode ajudar a corrigir problemas rapidamente e evitar problemas futuros.

Como buscar feedback e críticas construtivas de colegas e clientes?

Para buscar feedback e críticas construtivas de colegas e clientes, o vendedor pode utilizar diversas estratégias, como:

Pesquisas de satisfação do cliente: as pesquisas de satisfação do cliente podem ser uma forma eficaz de obter feedback sobre o desempenho do vendedor e identificar áreas de melhoria.

Reuniões de feedback: reuniões regulares com colegas de trabalho ou líderes podem ser uma oportunidade para receber feedback sobre o desempenho nas vendas e receber orientação sobre como aprimorar as habilidades de vendas.

Solicitação de feedback: o vendedor pode solicitar feedback diretamente de clientes e colegas de trabalho. Isso pode ser feito por meio de questionários, e-mails ou perguntas diretas.

Onde buscar feedback e críticas construtivas de colegas e clientes?

O feedback pode ser buscado em diversos locais, como:

Reuniões de vendas: as reuniões de vendas podem ser uma oportunidade para receber feedback de colegas de trabalho e líderes.

Pós-venda: o feedback pode ser solicitado após cada venda, por meio de questionários ou perguntas diretas.

Pesquisas de satisfação do cliente: as pesquisas de satisfação do cliente podem ser realizadas online ou em lojas físicas.

Com que frequência buscar feedback e críticas construtivas de colegas e clientes?

O feedback deve ser buscado regularmente, com uma frequência que permita ao vendedor avaliar seu desempenho e fazer ajustes necessários. A frequência pode variar de acordo com a empresa e a indústria em que o vendedor trabalha, mas é importante buscar feedback pelo menos uma vez por trimestre ou após situações em que algo não deu certo.

Exemplos práticos

Um exemplo prático de busca de feedback e críticas construtivas é a empresa de comércio eletrônico Amazon. A Amazon é conhecida por coletar feedback dos clientes de forma sistemática, por meio de pesquisas de satisfação do cliente e avaliações de produtos. Essas avaliações fornecem insights valiosos sobre a experiência do cliente e ajudam a empresa a melhorar seus produtos e serviços.

Outro exemplo prático é a empresa de tecnologia Apple. A Apple é conhecida por fornecer feedback regular para seus funcionários, por meio de revisões de desempenho e sessões de treinamento. O feedback recebido ajuda os funcionários a identificar áreas de melhoria e aprimorar suas habilidades de vendas.

Buscar feedback e críticas construtivas de colegas e clientes é fundamental para o sucesso de um profissional de vendas. O feedback pode ajudar o vendedor a identificar áreas de melhoria, aprimorar suas habilidades de vendas e melhorar o desempenho nas vendas.

O feedback deve ser buscado regularmente, tanto de colegas de trabalho quanto de clientes, por meio de estratégias como pesquisas de satisfação do cliente, reuniões de feedback e solicitação direta de feedback. Exemplos práticos de empresas como Amazon e Apple mostram como a busca de feedback e críticas construtivas pode ser eficaz para melhorar o desempenho nas vendas e a satisfação do cliente.

Portanto, é importante que os profissionais de vendas busquem regularmente feedback e críticas construtivas, para identificar áreas de melhoria e aprimorar suas habilidades de vendas, com o objetivo de alcançar o sucesso em suas carreiras.

Desenvolvendo habilidades de comunicação e interpessoais fortes para relacionamentos de vendas bem-sucedidos

Desenvolver habilidades de comunicação e interpessoais fortes é essencial para construir relacionamentos de vendas bem-sucedidos. A habilidade de se comunicar efetivamente e se conectar com os clientes é fundamental para o sucesso de um profissional de vendas.

Importância de habilidades de comunicação e interpessoais fortes

As habilidades de comunicação e interpessoais são importantes por vários motivos, incluindo:

Construção de relacionamentos: as habilidades de comunicação e interpessoais ajudam a construir relacionamentos duradouros com os clientes, o que pode levar a vendas repetidas e a um maior sucesso nas vendas.

Compreensão do cliente: a comunicação eficaz ajuda a entender as necessidades e desejos do cliente, o que pode levar a uma venda mais bem-sucedida e à satisfação do cliente.

Credibilidade: a comunicação clara e eficaz pode ajudar a estabelecer a credibilidade do vendedor, o que pode aumentar a confiança do cliente na marca ou produto.

Quando desenvolver habilidades de comunicação e interpessoais fortes?

As habilidades de comunicação e interpessoais devem ser desenvolvidas continuamente, durante toda a carreira de um profissional de vendas. A comunicação eficaz é fundamental em todas as etapas do processo de vendas, desde o contato inicial com o cliente até o fechamento da venda.

Como desenvolver habilidades de comunicação e interpessoais fortes?

Para desenvolver habilidades de comunicação e interpessoais fortes, o vendedor pode utilizar diversas estratégias, como:

Treinamento em habilidades de comunicação: treinamentos específicos em habilidades de comunicação, como escuta ativa, linguagem corporal e fala clara, podem ajudar a aprimorar a comunicação eficaz.

Prática: a prática em situações reais pode ajudar a aprimorar as habilidades de comunicação e interpessoais.

Feedback: receber feedback regularmente de colegas de trabalho, líderes e clientes pode ajudar a identificar áreas de melhoria e receber orientação sobre como aprimorar as habilidades de comunicação.

Onde desenvolver habilidades de comunicação e interpessoais fortes?

As habilidades de comunicação e interpessoais podem ser desenvolvidas em diversos locais, incluindo:

Treinamentos e cursos: existem diversos treinamentos e cursos disponíveis para o aprimoramento das habilidades de comunicação e interpessoais.

Ambiente de trabalho: o ambiente de trabalho pode ser uma oportunidade para praticar as habilidades de comunicação e interpessoais, por meio da interação com colegas de trabalho e clientes.

Com que frequência desenvolver habilidades de comunicação e interpessoais fortes?

As habilidades de comunicação e interpessoais devem ser desenvolvidas continuamente, com uma frequência que permita ao vendedor aprimorar suas habilidades de comunicação e se manter atualizado com as novas tendências e estratégias de vendas.

Exemplos práticos

Um exemplo prático de desenvolvimento de habilidades de comunicação e interpessoais fortes é a empresa de varejo Nordstrom.

Ela é conhecida por fornecer treinamento regular em habilidades de comunicação e interpessoais para seus funcionários, com o objetivo de fornecer um atendimento ao cliente excepcional. Os funcionários são treinados em habilidades como escuta ativa, empatia e resolução de conflitos, para garantir que possam se comunicar efetivamente com os clientes e construir relacionamentos de vendas duradouros.

Outro exemplo prático é a empresa de tecnologia Salesforce. A Salesforce fornece treinamento regular em habilidades de comunicação e interpessoais para seus representantes de vendas, com o objetivo de melhorar a eficácia da comunicação com os clientes e aumentar as vendas. Os representantes de vendas são treinados em habilidades como escuta ativa, fala clara e negociação, para ajudá-los a se comunicar de forma mais eficaz com os clientes e aumentar o sucesso nas vendas.

O desenvolvimento de habilidades de comunicação e interpessoais fortes é essencial para o sucesso de um profissional de vendas. As habilidades de comunicação eficaz e interpessoais ajudam a construir relacionamentos duradouros com os clientes, compreender as necessidades do cliente e estabelecer a credibilidade do vendedor.

Equilibrando o desenvolvimento de habilidades de vendas com estratégias de gerenciamento de tempo e priorização

O desenvolvimento de habilidades de vendas é fundamental para o sucesso de um profissional de vendas. No entanto, o desenvolvimento dessas habilidades pode exigir tempo e esforço, o que pode afetar a capacidade do vendedor de gerenciar seu tempo e priorizar suas tarefas.

É importante equilibrar o desenvolvimento de habilidades de vendas com estratégias de gerenciamento de tempo e priorização para garantir o sucesso nas vendas e um equilíbrio saudável entre trabalho e vida pessoal.

Por que equilibrar o desenvolvimento de habilidades de vendas com estratégias de gerenciamento de tempo e priorização?

Equilibrar o desenvolvimento de habilidades de vendas com estratégias de gerenciamento de tempo e priorização é fundamental por vários motivos, incluindo:

Produtividade: o gerenciamento eficaz do tempo e a priorização de tarefas podem aumentar a produtividade e garantir que o vendedor possa cumprir suas metas de vendas.

Redução de estresse: equilibrar o desenvolvimento de habilidades de vendas com estratégias de gerenciamento de tempo e priorização pode reduzir o estresse e aumentar a satisfação no trabalho.

Equilíbrio trabalho-vida pessoal: o equilíbrio entre o desenvolvimento de habilidades de vendas e o gerenciamento do tempo pode ajudar a garantir um equilíbrio saudável entre trabalho e vida pessoal.

Como equilibrar o desenvolvimento de habilidades de vendas com estratégias de gerenciamento de tempo e priorização?

Para equilibrar o desenvolvimento de habilidades de vendas com estratégias de gerenciamento de tempo e priorização, o vendedor pode utilizar diversas estratégias, como:

Definir prioridades: definir prioridades claras pode ajudar o vendedor a gerenciar seu tempo de forma eficaz e garantir que as tarefas mais importantes sejam concluídas primeiro.

Planejamento: planejar com antecedência pode ajudar o vendedor a gerenciar melhor seu tempo e garantir que tenha tempo suficiente para se dedicar ao desenvolvimento de habilidades de vendas.

Terceirização: terceirizar tarefas menos importantes pode liberar tempo para o vendedor se dedicar ao desenvolvimento de habilidades de vendas.

Onde equilibrar o desenvolvimento de habilidades de vendas com estratégias de gerenciamento de tempo e priorização?
O equilíbrio entre o desenvolvimento de habilidades de vendas e o gerenciamento do tempo pode ser alcançado em diversos locais, incluindo:

Ambiente de trabalho: o ambiente de trabalho pode oferecer oportunidades para o desenvolvimento de habilidades de vendas e gerenciamento de tempo, por meio da interação com colegas de trabalho e líderes.

Treinamentos e cursos: os treinamentos e cursos podem fornecer orientação sobre o desenvolvimento de habilidades de vendas e gerenciamento do tempo.

Atividades extracurriculares: as atividades extracurriculares, como grupos de networking e associações profissionais, podem oferecer oportunidades para o desenvolvimento de habilidades de vendas e gerenciamento do tempo.

Com que frequência equilibrar o desenvolvimento de habilidades de vendas com estratégias de gerenciamento de tempo e priorização?

O equilíbrio entre o desenvolvimento de habilidades de vendas e o gerenciamento do tempo deve ser alcançado continuamente, com uma frequência que permita ao vendedor se manter atualizado com as novas tendências e estratégias de vendas, além de gerenciar seu tempo de forma eficaz.

Exemplos práticos

Um exemplo prático de equilíbrio entre o desenvolvimento de habilidades de vendas e estratégias de gerenciamento de tempo e priorização é o uso de técnicas de gerenciamento de tempo, como a matriz de Eisenhower.

A matriz de Eisenhower é uma ferramenta de priorização que ajuda o vendedor a identificar as tarefas mais importantes e urgentes, permitindo que ele se concentre nas tarefas que são críticas para o sucesso de suas vendas.

Outro exemplo prático é a empresa de tecnologia Microsoft, que oferece treinamento em habilidades de vendas e gerenciamento de tempo para seus funcionários de vendas. O treinamento inclui técnicas de gerenciamento de tempo, como priorização e delegação de tarefas, além de treinamento em habilidades de vendas, como comunicação e negociação.

Equilibrar o desenvolvimento de habilidades de vendas com estratégias de gerenciamento de tempo e priorização é fundamental para garantir o sucesso nas vendas e um equilíbrio saudável entre trabalho e vida pessoal. O gerenciamento eficaz do tempo e a priorização de tarefas podem aumentar a produtividade, reduzir o estresse e garantir que as metas de vendas sejam cumpridas. As estratégias para equilibrar o desenvolvimento de habilidades de vendas com o gerenciamento do tempo incluem definir prioridades claras, planejar com antecedência e terceirizar tarefas menos importantes.

O equilíbrio entre o desenvolvimento de habilidades de vendas e o gerenciamento do tempo pode ser alcançado em diversos locais, como no ambiente de trabalho, em treinamentos e cursos e em atividades extracurriculares. É importante que os profissionais de vendas dediquem tempo e esforço para equilibrar o desenvolvimento de habilidades de vendas com estratégias de gerenciamento de tempo e priorização, a fim de garantir o sucesso nas vendas e um equilíbrio saudável entre trabalho e vida pessoal.

Conclusão

Assim como o homem comum descobriu o Manual Secreto das Vendas de Francesco di Marco Datini, você também teve a sorte de encontrar este livro. Com ele, você pode desvendar os segredos da arte de vender e se tornar um vendedor de sucesso.

A jornada que você iniciará agora será repleta de desafios e obstáculos, mas com as técnicas e estratégias certas, você poderá superá-los e alcançar o sucesso desejado. Aprendeu que a educação é o metal bruto, áspero e sem forma, mas a sabedoria em vendas é o ouro puro que é raro e valioso. Aprenderá que a sabedoria virá da experiência, da empatia, da inteligência emocional e do aprendizado contínuo.

Ao longo do livro, você descobriu como superar desafios de vendas, usar a criatividade para se destacar no mercado, conhecer seu público-alvo e desenvolver habilidades de comunicação e interpessoais fortes para relacionamentos de vendas bem-sucedidos. Além disso, aprendeu sobre as técnicas de fechamento de vendas e como lidar com a rejeição e fracasso.

Você aprendeu que o segredo para o sucesso está em aprender sempre e aplicar as técnicas e estratégias certas. Com o conhecimento adequado e a prática constante, você também pode transformar seus sonhos em realidade e se tornar um dos melhores vendedores do mundo.

Lembre-se sempre de que o gerenciamento de relacionamento com o cliente é a chave para o sucesso a longo prazo. Mantenha contato com seus clientes após a venda e forneça suporte eficaz para garantir a fidelidade do cliente e gerar novas oportunidades de vendas. Invista em tecnologia de CRM e analise o Big Data para impulsionar suas vendas.

Agradeço a todos por terem lido este livro e por terem se dedicado a aprender mais sobre as técnicas de vendas e persuasão. Vamos time! Bora vender!

Nota do autor

Espero que você tenha encontrado este livro, o "Manual Secreto das Vendas", útil e inspirador em sua carreira de vendas. Aprender a lidar com a rejeição e o fracasso em vendas é um desafio constante para todos os profissionais de vendas, e espero que as técnicas e práticas que compartilhei neste livro possam ajudá-lo a desenvolver habilidades de resiliência e melhorar suas habilidades de vendas.

Se você gostaria de continuar a interagir comigo e aprender mais sobre vendas, convido você a visitar meu site **andremagrini.com** e LinkedIn **https://www.linkedin.com/in/andremagrini**,onde compartilho artigos e dicas úteis sobre vendas. Também ofereço cursos e mentoria para ajudar os profissionais de vendas a alcançar seus objetivos de vendas como também serviço de consultoria de vendas e estratégia. Ficarei feliz em ajudá-lo a atingir seus objetivos de vendas e aprimorar suas habilidades de vendas.

Obrigado por ler o "Manual Secreto das Vendas" e desejo a você todo o sucesso em sua carreira de vendas.

Atenciosamente,

Andre Magrini
Sales Director North America - Author - Board
Member - Widelife Learner

Anexos

Planejamento da Venda	Nós	Clientes
Quais são as metas a serem alcançadas nesta negociação?		
Quais são os anseios e motivações subjacentes?		
Podemos explorar outras possibilidades? Existe outra opção?		
Quais são as possíveis áreas de flexibilidade ou compromisso?		
3 frases-chave da negociação	*O que eu tenho que transmitir?*	*O que eu preciso ouvir?*

www.ingramcontent.com/pod-product-compliance
Lightning Source LLC
Chambersburg PA
CBHW070327220526
45467CB00001B/57